발 행 인	권오찬
펴 낸 곳	와이비엠홀딩스
저 자	조대하, 강영부, 李左知子, 石山哲也
기 획	고성희
마 케 팅	정연철, 박천산, 고영노, 박찬경, 김동진, 김윤하
디 자 인	이미화
초판 발행	2012년 7월 30일
개정판 1쇄 발행	2016년 10월 5일
개정판 3쇄 발행	2023년 9월 1일

서울시 종로구 종로 104
Tel (02)2000-0154 / Fax (02)2271-0172
신고일자 2012년 4월 12일
신고번호 제2012-000060호
홈페이지 www.ybmbooks.com

ISBN 978-89-6348-140-1

저작권자 ⓒ2012 조대하, 강영부, 李左知子, 石山哲也

이 책의 저작권은 저자에게 있으며, 책의 제호 및 디자인에 대한 모든 권리는 출판사인 와이비엠홀딩스에 있습니다.
서면에 의한 저자와 출판사의 허락 없이 내용의 일부 혹은 전부를 인용 및 복제하거나 발췌하는 것을 금합니다.
낙장 및 파본은 교환해 드립니다. 구입 철회는 구매처 규정에 따라 교환 및 환불 처리됩니다.

머리말

본 교재는 일본어 초급과정을 마친 학습자를 대상으로 만든 교재이다. 듣기·말하기·읽기·쓰기라는 언어의 4기능을 골고루 배양하면서도 실용적인 의사소통 능력을 갖출 수 있도록 구성했다.

본문 내용은 일본인의 생활문화와 관련된 화제를 중심으로 구성하면서도 현 학습 단계에서 반드시 익혀야 할 주요 표현을 적절히 삽입해 학습을 극대화할 수 있게 했다. 또한 초급을 마친 학습자가 자칫 소홀히 하기 쉬운 문법사항에 대해서는 주요 문형을 기반으로 한 다양한 연습문제(Challenge) 및 회화연습(Talk&Talk)을 통해 자연스럽게 익힐 수 있도록 했다.

일본어 학습에 있어 일본문화에 대한 소개는 학습에 대한 흥미와 동기 부여에 중요한 요소이므로, 각 단원의 도입 부분에 단원의 주제와 관련된 문화를 소개해 학습자가 관심과 흥미를 가질 수 있도록 내용 선정에 신중을 기했다.

일본어 교육을 오랫동안 담당하면서 중급 이상의 학습자를 위한 효과적인 교재가 없음을 실감해 왔다. 이에 보다 효과적이고 실용적인 교재를 만들기 위해 연구하고, 교육 현장의 여러 교사들의 의견 및 학습자들의 요구를 수집해 왔다.

이번에 학습자들의 요구를 반영해 한국일어교육학회를 중심으로 한 일본어교육 전문가들이 모여 그동안에 축적한 연구와 자료를 모아 본 교재를 만들게 되었다. 이와 같은 의미에서 지금까지의 교재와는 차별화된 일본어 학습서가 될 것이라 확신한다.

끝으로 본 교재가 발간되기까지 애써 주신 모든 분들께 감사드리며, 특히 발간 기획을 세워 주시고 꼼꼼한 편집, 교열을 해 주신 YBM 일본어 관계자분들께 고마움을 전한다.

집필자 일동 드림

★ 머리말_ 3

01. 秋夕とお盆_ 8
- ～つけ　～였지, ～던가 〈확인〉
- ～と言って　～라고 해서 〈설명〉
- ～中　(시간적・공간적 범위 전체) ～내내, ～전체, 온～
- ～合う　서로 ～하다

02. お風呂_ 16
- ～たびに　～때마다
- ～からすれば　～입장에서 보면, ～로부터 판단할 때　＊～からすると
- ～わけだ　～인 것이다, ～이다
- 命令　명령

03. お土産_ 24
- ～からの　～로부터의
- ～によると　～에 의하면
- ～として　～로서 〈자격〉
- ～おかげ　～덕분　＊～せい

04. 住宅事情_ 32
- ～と同じように　～와 마찬가지로
- ～ていく　～해 가다 〈변화, 계속적인 행위〉
- ～までに　～까지 〈기한〉
- ～にとって　～에게 있어(서) 〈사람・입장・신분〉

05. 金券ショップ_ 40
- ～ことにする　～하기로 하다 〈결정, 취급〉
- ～ているところだ　～하고 있는 중이다 〈진행 상황〉
- ～とは言っても　～라고는 하더라도
- ～だけでなく　～뿐만 아니라　＊～ばかりでなく

06. 通勤手段_ 48
- ～始める　～하기 시작하다 〈개시・시작〉
- ～がてら　～하는 김에, ～을 겸하여
- ～には　～에는, ～려면
- ～てもらいたい　～해 주었으면 하다

07. オンドル_ 56
- ～に弱い　～에 약하다, ～을 잘 못하다
- ～がり(屋)　～하는 성격, ～인 체함, 또는 그런 사람
- ～に比べると　～에 비하면 〈비교〉
- ～込む　충분히 ～하다

★ 단어장_ 120

부록
❶ 본문 회화 해석&Challenge 정답 _ 122
❷ Talk&Talk 스크립트, _ 130
　Listening&Reading 정답
❸ 단어 색인 _ 139

08. ウィンタースポーツ_ 64
- ~でしたよね　~였지요 〈확인〉
- ~なんか　~따위, ~같은 것
- 初~　첫~, 처음~
- ~とともに　~와 함께, ~와 같이

09. 韓国生活_ 72
- ~だらけ　~투성이
- ~きれない　다 ~할 수 없다, 완전히 ~할 수 없다
- ~っぽい　~같다, ~하는 경향이 강하다
- ~はずだ　(당연히) ~할 것이다 〈당위〉

10. 受験_ 80
- ~というわけではない　~인 것은 아니다
- ~にすぎない　~에 불과하다
- わざわざ　일부러
- ~ないで済む　~하지 않아도 되다

11. 就職難_ 88
- どれほど~ことか　얼마나 ~했는지
- ~末(に)　~끝에
- ~に対する　~에 대한
- ~わりには　~에 비해서는, ~치고는

12. 着物_ 96
- ~とも　~라고도
- いくら~ても　아무리 ~해도
- (가격)~する　(가격) ~하다
- ~とは　~라니, ~하다니

13. お見舞い_ 104
- ~なさる　~하시다 〈「する」(하다)의 높임말〉
- お~になる　~하시다 * ご~になる 〈존경표현〉
- お~する　~해 드리다, ~하다 * ご~する 〈겸양표현〉
- ~なさい　~하시오, ~하세요

14. 結婚式_ 112
- ~と違って　~와 달리
- ~わけにもいかない　~할 수도 없다 * ~わけにはいかない
- ~次第　~하는 대로
- ~てもらえませんか　~해 줄 수 없습니까, ~해 줄래요 〈의뢰표현〉

본문

01_ 秋夕とお盆 p. 8
02_ お風呂 p. 16
03_ お土産 p. 24
04_ 住宅事情 p. 32
05_ 金券ショップ p. 40
06_ 通勤手段 p. 48
07_ オンドル p. 56
08_ ウィンタースポーツ p. 64
09_ 韓国生活 p. 72
10_ 受験 p. 80
11_ 就職難 p. 88
12_ 着物 p. 96
13_ お見舞い p. 104
14_ 結婚式 p. 112

01 秋夕とお盆

일본에는 오본(お盆)이라는 명절이 있는데요, 우리나라의 추석에 해당합니다. 오본은 지역에 따라 차이는 있지만 보통 8월 13일에서 16일까지로, 첫날에는 조상의 영혼을 맞이하는 불(迎え火)을 피우고 마지막 날에는 조상의 영혼을 보내는 불(送り火)을 피우는 행사가 열립니다. 이 기간에는 고향으로 돌아와, 친지들이 오랜만에 모여 성묘를 갑니다. 그리고 저녁에는 마쓰리(祭り: 축제) 분위기로 본오도리(盆踊り: 조상의 혼을 위로하는 춤)를 추기도 합니다. 하지만 요즘에는 이러한 전통이 많이 사라져 가고 있다고 하니 안타깝네요.

학/습/포/인/트

- **~っけ** ~였지, ~던가 〈확인〉
- **~と言って** ~라고 해서 〈설명〉
- **~中** (시간적·공간적 범위 전체) ~내내, ~전체, 온~
- **~合う** 서로 ~하다

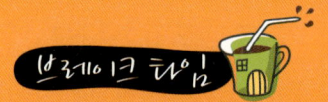

일본은 양력을 쓸까, 음력을 쓸까?

일본은 근대화(메이지유신, 1868년)와 더불어 음력 대신에 양력 쓰기를 권장하여, 제2차 세계대전이 끝난 후에는 양력 사용이 완전히 정착하게 되었습니다. 그래서 우리나라와 중국의 음력설과 달리 일본의 설은 1월 1일이고, 우리나라의 추석에 해당하는 오본(お盆)도 8월 13일에서 16일경입니다. 달력에도 음력은 잘 표시되어 있지 않으므로 일본 사람에게 생일을 말할 때는 양력으로 알려 주는 것이 좋습니다. 그리고 나이를 말할 때도 일본에서는 만 나이를 쓰기 때문에 아기가 태어나면 0세, 그 다음 해 생일에 한 살이 됩니다.

- 松本さんの故郷はどこですか。
- お盆は普通いつからいつまでを言いますか。

Dialogue

01. MP3

金　　もうすぐ秋夕ですが、松本さんも日本に帰りますか。

松本　ええ、今年は久しぶりに帰省する予定です。

金　　松本さんの故郷、秋田でしたっけ。

松本　ええ、金さんは秋田について知っていますか。

金　　ええ、あるドラマのロケ地で有名になりましたからね。

松本　あ、そうですか。

金　　ところで、日本にも秋夕みたいな祝日があるんですか。

松本　ええ、お盆と言って普通8月13日から16日頃までを言います。

金　　日本人もお盆に、田舎に帰ってお墓参りとかするんですか。

松本　ええ。でも最近は旅行に行く人も多くなってきましたね。
　　　それで、お盆中は日本中の道路が込み合いますね。

어휘

故郷(ふるさと) 고향　ロケ地(ち) 영화의 야외 촬영지 *「ロケ」는「ロケーション」의 준말　祝日(しゅくじつ) 국가에서 정해 놓은 경축일　墓参(はかまい)り 성묘　込(こ)む 붐비다

Sentence Pattern

1 〜っけ 〜였지, 〜던가 〈확인〉

- あの人、誰だっけ。見覚えあるんだけど。
- 鶏肉は嫌いでしたっけ。
- 今日のミーティングは3時だっけ。
- 全部でいくらだっけ。

2 〜と言って 〜라고 해서 〈설명〉

- 振替休日と言って、月曜日が休みになるんですよ。
- オンドルと言って、床下に温水を通した床暖房なんです。
- こいのぼりと言って、男の子のいる家では子供が元気に育つことを祈って飾るんです。
- これはソンピョンと言って、秋夕の時に食べるお餅です。

어휘

見覚(みおぼ)え 본 기억   鶏肉(とりにく) 닭고기   ミーティング 미팅, 모임   振替休日(ふりかえきゅうじつ) 대체휴일
床下(ゆかした) 마루 밑, 바닥 밑   通(とお)す 통하게 하다   床(ゆか) 마루, 바닥   暖房(だんぼう) 난방
こいのぼり 종이・헝겊으로 만든 잉어 모양의 깃발로, 5월 5일에 장대에 높이 다는 것   餅(もち) 떡

01 秋夕とお盆 추석과 오본

3 〜中 (시간적·공간적 범위 전체) ~내내, ~전체, 온~

- 台風がきて一日中雨が降った。
- もうすぐ合唱大会なので学校中のクラスで歌声が響いている。
- 新型インフルエンザで世界中が大騒ぎになった。
- 今回の災害で日本中が悲しんでいる。

4 〜合う 서로 ~하다

- みんなで話し合って合意に達した。
- 助け合っていい世界を作っていきましょう。
- いいアイデアを出し合ってみましょう。
- 試合に負けてしまったが、選手たちは励まし合っている。

어휘

合唱(がっしょう) 합창 歌声(うたごえ) 노랫소리 響(ひび)く 울리다, 울려 퍼지다 新型(しんがた) 신형 インフルエンザ 독감
大騒(おおさわ)ぎ 큰 소동 合意(ごうい)に達(たっ)する 합의에 이르다 励(はげ)ます 격려하다, 북돋우다

Challenge

1 보기와 같이 문장을 바꿔 보세요.

> 보기
> 今日の会議は何時からですか → 今日の会議は何時からでしたっけ。

① 山田さんの実家はどこですか → _____
② あの眼鏡をかけた人は誰ですか → _____
③ 次の試合は大阪ですか → _____
④ 鈴木さんの娘さんは高校生ですか → _____

2 보기와 같이 문장을 완성해 보세요.

> 보기
> A: あの雪で作った家は何ですか。B: (かまくら/日本の年中行事の一つです)
> → かまくらと言って日本の年中行事の一つです。

① A: 1年の中で最も長い連休はいつですか。
　 B: (ゴールデンウィーク / 4月29日から5月5日までの期間です)
　 → _____

② A: この薄い着物は何ですか。B: (浴衣 / 夏に着る着物です)
　 → _____

③ A: この料理は何ですか。B: (お節料理 / お正月に食べる料理です)
　 → _____

④ A: 1月1日に何をしますか。B: (初詣 / 神社で1年間の無病息災を祈ります)
　 → _____

어휘

実家(じっか) 본가, 친정　かまくら 일본 아키타현에서 음력 1월 15일에 어린이들이 눈으로 집을 짓고, 그 안에 제단을 차려 놓고 노는 행사. 눈으로 집을 지어 제단을 만드는 일, 또는 그 집　年中行事(ねんじゅうぎょうじ) 연중행사　ゴールデンウィーク 황금연휴 * 4월 말에서 5월 초에 걸친, 휴일이 가장 많은 주간　浴衣(ゆかた) 목욕 후나 여름에 입는 무명 홑옷

01 秋夕とお盆 추석과 오본

3 보기와 같이 문장을 바꿔 보세요.

> **보기**
> 世界のすべての人々が平和になれるように祈る
> → 世界中が平和になれるように祈る。

① この音楽で日本のみなさんが元気になってほしい
→ _____

② 梅雨に入って朝から晩まで雨が降っている
→ _____

③ 1年間毎日クリスマスならいい
→ _____

④ 学校の中のすべてのトイレを掃除した
→ _____

4 (　　) 안의 말을 「〜合う」 문형을 이용해 바꿔 보세요.

① 困った時に家族で(助ける) → _____
② 勝利の喜びに選手たちが(抱く) → _____
③ 敬語の問題についてみんなで(話す) → _____
④ いろいろな動物と(触れる) → _____

어휘

お節料理(せちりょうり) 명절 때 먹는 조림요리로, 주로 우엉·연근·당근·토란 등을 조린 것. 보통 찬합에 담아 둠
初詣(はつもうで) 새해 들어 처음으로 신사에 참배함　無病息災(むびょうそくさい) 병이 없고 건강함　祈(いの)る 기도하다, 기원하다
梅雨(つゆ)に入(はい)る 장마철에 접어들다　抱(だ)く 안다　触(ふ)れる 접촉하다, 만지다

Talk & Talk

02. MP3

1 〜っけ ～였지, ～던가 〈확인〉

A: ①先生の名前は②何でしたっけ。
B: ③高野誠司です。

1 ① 今日　　② 何曜日　　③ 木曜日
2 ① 財布　　② どこ　　③ かばんの中

2 〜と言って ～라고 해서 〈설명〉

A: これは①ジャージャーメンと言って、②子供の大好物です。
B: そうですか。③食べてみたいですね。

1 ① 着物　　② 日本の伝統衣装　　③ 着る
2 ① カイロ　　② 寒い日に便利な物　　③ 使う

3 〜中 (시간적·공간적 범위 전체) ～내내, ～전체, 온～

A: ①筋肉痛で②体中が③痛いです。
B: へえ、そうですか。

1 ① ワールドカップ　　② 世界　　③ 大騒ぎ
2 ① 洪水　　② 町　　③ 水浸し

4 〜合う 서로 ～하다

A: ①困った時は、どうしますか。
B: ②助け合います。

1 ① 意見が合わない　　② 話す
2 ① 試合に負ける　　② 慰める

Listening & Reading

03. MP3

お盆は旧暦の7月15日を中心に行われる先祖(①　　)の儀式で、先祖の霊があの世から(②　　)に戻って来て、再びあの世に帰って行くという日本(③　　)の信仰と仏教が結びついてできた(④　　)です。多くの地方では8月13日の「迎え盆」から16日の「送り盆」までの4日間をお盆としていますが、地方によっては7月いっぱいをお盆とする地域や旧暦どおり7月15日を中心に行う地域などがあります。

1 内容をよく聞いて(　　　)に入る言葉を書きましょう。

① 　　　　② 　　　　③ 　　　　④

2 お盆は旧暦では何月何日を中心に行われますか。

① 8月13日　　② 8月16日　　③ 7月13日　　④ 7月15日

3 内容に合っているものはどれですか。

① 多くの地方では「送り盆」は8月16日だ。
② 多くの地方で7月13日から16日までの4日間をお盆としている。
③ 地方によっては8月いっぱいをお盆とする地域や旧暦どおり8月15日を中心に行う地域などがある。

어휘

大好物(だいこうぶつ) 아주 좋아하는 음식　伝統衣装(でんとういしょう) 전통 의상　カイロ 손난로　洪水(こうずい) 홍수
水浸(みずびた)し 침수　慰(なぐさ)める 위로하다　旧暦(きゅうれき) 음력　先祖(せんぞ) 선조, 조상　霊(れい) 영혼
あの世(よ) 저승, 저세상　信仰(しんこう) 신앙　結(むす)びつく 결부되다　迎(むか)え盆(ぼん) 조상을 맞이하는 날
送(おく)り盆(ぼん) 조상을 보내는 날　7月(しちがつ)いっぱい 7월 내내　～どお(通)り ～대로

02 お風呂

일본은 기후가 습해서 매일 목욕하는 습관이 있습니다. 우리나라에서는 보통 목욕을 한 다음 그 물을 버리지만, 일본에서는 욕조에 물을 한 번 받으면 온 가족이 모두 사용합니다. 그 과정에서 목욕물(お湯)이 식을 수 있기 때문에 다시 데워 주는 장치(追い焚き)도 있습니다. 일본 가정에서는 가족이 귀가하면 목욕을 하는 것이 일상화되어 있습니다. 슈퍼에 다양한 입욕제가 있는 것도 이러한 이유 때문이라 할 수 있습니다.

학 / 습 / 포 / 인 / 트

- **〜たびに** 〜때마다
- **〜からすれば** 〜입장에서 보면, 〜로부터 판단할 때　＊〜からすると
- **〜わけだ** 〜인 것이다, 〜이다
- **命令** 명령

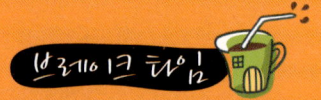

하루의 마무리는 목욕으로! 일본 사람에게 목욕은 몸을 청결히 함과 동시에 뜨거운 물에 몸을 담궈 하루의 피로를 푼다는 의미를 지니고 있습니다. 일본의 욕실은 화장실과 분리되어 있고, 욕조와 몸을 씻는 곳이 붙어 있습니다. 가족과 함께 살고 있는 경우에는 욕조에 받아 놓은 물에 여러 사람이 순서대로 들어갑니다. 그렇기 때문에 몸을 씻은 후에 탕에 들어가며, 다른 사람을 위해 욕조의 물을 깨끗한 상태로 유지해야 합니다. 그리고 물이 식지 않도록 덮개로 덮어 둡니다. 요즘 젊은이나 독신 생활을 하는 사람들은 탕에 들어가지 않고 샤워로 끝내는 경우도 많아졌다고 합니다.

- 日本人はなぜお風呂に入るのが好きですか。
- 「郷に入っては郷に従え」は何の意味ですか。

Dialogue

李　　日本人はお風呂に入るの、本当に好きみたいですね。

伊東　ええ、お湯に浸かると、一日の疲れが取れるんですよ。
　　　お風呂から上がったら、すっきりした気分ですぐ寝られるし。

李　　そうですね。ところで、もし家族でお風呂に入る場合、
　　　お風呂から上がるたびにお湯を捨てるんですか。

伊東　いいえ、家族みんなで同じお湯を使うんですよ。
　　　韓国人からすれば、少し抵抗があるかもしれませんが。

李　　まあ、でも外国に行けば、その国の文化に慣れなければならない
　　　わけですからね。

伊東　そうですね。「郷に入っては郷に従え」と
　　　言いますからね。

어휘

風呂(ふろ)に入(はい)る 목욕하다　郷(ごう)に入(い)っては郷(ごう)に従(したが)え 그 고장에 가면 그 고장 법을 따르라, 로마에 가면 로마법을 따르라　湯(ゆ) 더운물, 목욕물　浸(つ)かる (물에) 잠기다　取(と)れる 가시다, 풀리다　上(あ)がる (욕탕에서) 나오다　抵抗(ていこう) 거부감, 저항, 반감

Sentence Pattern

1 〜たびに 〜때마다

- 彼は遊びに来るたびにお土産を持って来る。
- この歌を聞くたびに楽しかった高校時代を思い出します。
- 吉田さんは会うたびにきれいになりますね。
- 田中さんは飲み会のたびに酔っ払って、みんなに迷惑をかける。

2 〜からすれば 〜입장에서 보면, 〜로부터 판단할 때 ＊〜からすると

- 私からすれば、そんな話は荒唐無稽です。
- 彼女の行動は、彼からすれば、裏切りのように感じられただろう。
- 彼の表情からすれば、相当強い不満を持っているみたいですよ。
- あの言い方からすれば、彼は何も知らないんじゃないかと思います。

※ あの発言からすると、彼は何か誤解しているに違いない。

어휘

酔(よ)っ払(ぱら)う 술에 몹시 취하다 荒唐無稽(こうとうむけい) 황당무계, (언행이) 터무니없음 裏切(うらぎ)り 배신
言(い)い方(かた) 말투, 말씨 〜に違(ちが)いない 〜임에 틀림없다

3 〜わけだ ~인 것이다, ~이다

- ニューヨークとは時差が１４時間あるから、東京が１時ならニューヨークは前日の１１時なわけだ。
- 朴さんは日本の大学を卒業したそうだね。道理で日本語がうまいわけだ。
- 体重を測ったら５５キロだった。先週は５８キロだったから一週間で３キロも痩せたわけだ。
- 間違った地図を持っているから、道がわからないわけだ。

4 命令 명령

- 最後までがんばれ。
- 意見があるなら、言ってみろ。
- ぐずぐずしていないで早く来い。
- うちの母は毎日勉強しろってうるさいんです。

어휘

時差(じさ) 시차　道理(どうり)で 어쩐지, 과연　ぐずぐず 꾸물꾸물 * 행동이 느리고 판단이 굼뜬 모양
うるさい 잔소리가 심하다, 시끄럽다, 귀찮다

Challenge

1 보기와 같이 문장을 완성해 보세요.

> 보기
> 海外に行きます / お土産を買って来ます
> → 海外に行くたびにお土産を買って来ます。

① 試合に出ます / 負けてしまいます → _____

② お酒を飲みます / 頭が痛くなります → _____

③ 本屋に行きます / 日本の雑誌を買って来ます → _____

④ 漢字を書きます / 間違えてしまいます → _____

2 보기와 같이 문장을 바꿔 보세요.

> 보기
> 彼の立場を考えると、怒るのは当然だ → 彼からすれば、怒るのは当然だ。

① 今の病状を見ると、入院するしかない
→ _____

② 彼女の性格を考えると、今の職場でも長続きはしないだろう
→ _____

③ 彼の成績を見ると、就職は難しいだろう
→ _____

④ 彼女のパフォーマンスを見ると、優勝したに違いない
→ _____

어휘

間違(まちが)える 잘못하다, 틀리다　病状(びょうじょう) 병세, 병의 증상　～しか (부정의 말을 수반하여) ～밖에
長続(ながつづ)き 오래 계속됨, 오래 감　パフォーマンス 퍼포먼스

02 お風呂 목욕

3 보기와 같이 문장을 완성해 보세요.

> 보기
> 休日です / デパートに人が多いです
> → 休日だからデパートに人が多いわけですね。

① 仕事がありません / 生活に困っています
→ _____

② 痩せたいです / 毎日運動しています
→ _____

③ 海外旅行に行きたいです / お金を貯めています
→ _____

④ お腹が痛いです / 薬を飲んでいます
→ _____

4 보기와 같이 문장을 바꿔 보세요.

> 보기
> ちゃんと働きなさい → ちゃんと働け。

① 言いたいことをはっきり言いなさい → _____
② 授業に遅れないように早く起きなさい → _____
③ 好きな歌を歌いなさい → _____
④ 冷めないうちに食べなさい → _____

어휘

貯(た)める (돈을) 모으다, 저축하다　ちゃんと 착실하게, 꼼꼼히　冷(さ)める 식다　うち 동안, 사이

Talk & Talk

05. MP3

1 ～たびに ～때마다

A: 田中さんは①出張のたびに②お土産を買ってくれます。

B: いや、③うらやましいですね。

1. ①会う　②新しい物真似をする　③おもしろそうだ
2. ①デートする　②家まで送る　③やさしい

2 ～からすれば ～입장에서 보면, ～로부터 판단할 때　＊～からすると

A: ①ケータイ、何がいいかな。

B: ②性能面からすれば、③スマートフォンがお勧めだよ。

1. ①栄養剤　②多様な効果という点　③総合栄養剤
2. ①お昼　②お金と時間の節約という点　③コンビニ弁当

3 ～わけだ ～인 것이다, ～이다

A: ①これ、②傷がついているんです。

B: それで、③安いわけですね。

1. ①田中さん　②休暇だ　③見えない
2. ①明日　②健康診断だ　③何も食べない

4 命令 명령

A: ①終電に②間に合わないから、早く③走れよ。

B: あ、分かった。

1. ①みんな　②迷惑だ　③寝る
2. ①授業　②遅れる　③起きる

Listening & Reading

06. MP3

日本は温泉が多いですが、これは日本に火山が多いこととも関係があります。火山のマグマの熱が温泉の温度を高める(①　　　)をすることが多いからです。また、露天風呂と言って外で景色を眺めながら(②　　　)できる温泉が人気です。昔は男女が一緒に温泉に入ることもありましたが、19世紀頃初めて日本に行ったアメリカの(③　　　)はこの(④　　　)を見て、大変驚いたそうです。しかし、現在は男女の混浴を禁止している地域も多くなったので、男女が一緒に入る温泉はそれほど多くありません。

1 内容をよく聞いて(　　)に入る言葉を書きましょう。

①　　　　②　　　　③　　　　④

2 初めて日本に行ったアメリカ人は何に驚きましたか。
① 温泉が多いこと　　② 露天風呂があること
③ 男女が一緒に温泉に入ること　　④ 混浴を禁止している地域が多いこと

3 内容に合っているものはどれですか。
① 日本には温泉がたくさんあるが、これは火山とは無関係だ。
② 日本には露天風呂と呼ばれる、外で景色が見られる温泉がたくさんある。
③ 日本の温泉では、男女が一緒に入るのが一般的だ。

어휘

物真似(ものまね) 흉내　ケータイ 휴대전화＊「携帯電話(けいたいでんわ)」의 준말　スマートフォン 스마트폰　勧(すす)め 권함, 권유함
傷(きず)がつく 흠집이 나다　終電(しゅうでん) (전철의) 막차　火山(かざん) 화산　マグマ 마그마　高(たか)める 높이다
露天風呂(ろてんぶろ) 노천온천　混浴(こんよく) 혼욕

03 お土産

일본 사람들은 여행이나 출장을 다녀오면서 친분이 있는 사람들에게 줄 선물(お土産[みやげ])을 사 오는 경우가 많습니다. 일본 전국 각지의 기념품 가게에는 예의상의 선물이 아니라 정말 실용적이고 괜찮은 상품이 많이 있습니다. 주로 그 지역의 특산물을 소재로 한 것이 많은데요, 차, 과자, 술 등 그 종류도 다양합니다. 하지만 요즘에는 선물을 주고받는 것 자체를 부담스럽게 느끼는 사람들도 있다고 하네요.

학/습/포/인/트

- **〜からの** 〜로부터의
- **〜によると** 〜에 의하면
- **〜として** 〜로서 〈자격〉
- **〜おかげ** 〜덕분 * 〜せい

행운을 가져다주는 동전

일본에서 5엔이나 50엔짜리 동전은 행운을 가져다준다고 여깁니다. 이 두 동전은 가운데 구멍이 뚫려 있는데, 5엔은 일본어로 「五円[ごえん]」이라고 합니다. 이와 똑같은 발음으로 '인연' 이라는 의미의 「ご縁[えん]」이라는 말이 있는데요, 앞으로 좋은 일이 생길 것이라는 기대감을 나타낼 때 쓰는 말입니다. 이성 관계라면 좋은 인연이 생기겠지, 일 관계라면 좋은 결과가 있겠지라고 기대하면서 5엔이나 50엔짜리 동전을 몸에 지니고 다닙니다. 또한 상대가 돈과 좋은 인연을 맺게 되기를 기원하며 5엔을 지갑에 넣어서 선물하기도 합니다.

- 金さんは誰からお餅をもらいましたか。
- 秋田の特産品は何ですか。

Dialogue

松本　これ、つまらない物ですが、母からのお餅です。どうぞ。

金　　あ、どうも。里帰りのたびに悪いですね。

松本　いいえ、いつも金さんにはお世話になってますから。

金　　ところで、『きりたんぽ』って何ですか。

松本　きりたんぽは秋田の特産品で、ご飯をつぶして串に刺して焼いた物ですね。
　　　辞書によると、保存食として作られた焼きおにぎりの変形らしいです。

金　　きりたんぽはどうやって食べるんですか。

松本　そのまま食べたり、鶏肉や野菜を入れてきりたんぽ鍋を作ったりしますね。

金　　松本さんのおかげで、日本のいろんな食べ物が味見できますね。

어휘

特産品(とくさんひん) 특산품　里帰(さとがえ)り 귀성　きりたんぽ 일본 아키타현의 특산 음식으로, 밥을 지어 반 정도 으깨어 꼬치에 끼워 구운 것　つぶす 으깨다　串(くし) 꼬치　刺(さ)す 찌르다, 꽂다　焼(や)きおにぎり 구운 주먹밥　変形(へんけい) 변형　鍋(なべ) 냄비 요리 *「鍋料理(なべりょうり)」의 준말　味見(あじみ) 맛을 봄

Sentence Pattern

1 〜からの ~로부터의

- 外国からの小包が届いた。
- これは親しかった友だちからのプレゼントです。
- 先輩からの励ましのメールをもらった。
- 海外からの災害支援が相次いでいます。

2 〜によると ~에 의하면

- アンケートによると、結婚しない女性の数がどんどん増えているそうだ。
- 友だちの話によると、数学の試験はかなり難しいらしい。
- ニュースによると、昨日アメリカで大規模な山火事があったそうだ。
- あるアンケートによると、日本人の一番好きな鍋料理はキムチ鍋だそうだ。

어휘

小包(こづつみ) 소포　届(とど)く (보낸 물건이) 도착하다, 닿다　励(はげ)まし 격려　相次(あいつ)ぐ 잇따르다　どんどん 계속, 자꾸
山火事(やまかじ) 산불

03 お土産 선물

3　〜として　~로서 〈자격〉

- 会社の代表として会議に出席した。
- この事件は人間として許せない行為だ。
- 原則として門限は11時までです。
- 職場や職種にふさわしい服装をすることは社会人としてのマナーです。

4　〜おかげ　~덕분　＊〜せい

- あの汽車に乗り遅れたおかげで事故に遭わなかった。
- 両親のおかげで何不自由なく育った。
- 今年の冬は暖かかったおかげで暖房費が浮いた。
- この本のおかげで私は変わりました。

※ 友だちのせいで先生に叱られた。
※ 風邪薬のせいで眠気がさす。

어휘

門限(もんげん) 폐문 시각, (변하여) 밤에 외출했다가 돌아와야 할 시간　乗(の)り遅(おく)れる (차 등을) 놓치다　遭(あ)う 당하다, 겪다
何不自由(なにふじゆう)なく 뭐하나 부족[불편]한 것 없이　浮(う)く 여분이 생기다, 남다　叱(しか)る 꾸짖다, 나무라다
眠気(ねむけ)がさす 졸음이 오다

Challenge

1 보기와 같이 문장을 바꿔 보세요.

> 보기
> 父が買って来てくれたお土産です → 父からのお土産です。

① 先生が出してくださったお手紙です → _____
② 山田さんが送ってくださったメールです → _____
③ 社長が言ってくださったお言葉です → _____
④ 鈴木さんがくださったプレゼントです → _____

2 보기와 같이 문장을 완성해 보세요.

> 보기
> 天気予報 / 明日は台風が来る
> → 天気予報によると、明日は台風が来るそうです。

① 友だちの話 / この近くに新しい駅ができる
→ _____

② テレビのニュース / 関東地方でまた地震が起きた
→ _____

③ アンケート調査 / 年々失業者が増えている
→ _____

④ 新聞記事 / 来月から電車料金が上がる
→ _____

어휘

年々(ねんねん) 매년, 해마다   上(あ)がる (가격 등이) 오르다

03 お土産 선물

3 보기와 같이 문장을 완성해 보세요.

> **보기**
> 研究生です / この大学で勉強しています
> → 研究生としてこの大学で勉強しています。

① 管理者です / 責任が重いです → _____
② 親です / 黙っているわけにはいきません → _____
③ 営業社員です / 車の販売を担当しています → _____
④ 教師です / 生徒たちを教えています → _____

4 보기와 같이 문장을 바꿔 보세요.

> **보기**
> 先生が教えてくださったので、試験に受かりました
> → 先生が教えてくださったおかげで、試験に受かりました。

① 山田さんが推薦書を書いてくれたので、就職できました
→ _____

② みんなが心配してくれたので、健康が回復しました
→ _____

③ 奨学金をもらったので、大学を無事卒業できました
→ _____

④ 近くにデパートができたので、生活がもっと便利になりました
→ _____

어휘
黙(だま)る 잠자코 있다, 입을 다물다　～わけにはいかない ～할 수는 없다　受(う)かる (시험에) 붙다, 합격하다
推薦書(すいせんしょ) 추천서　奨学金(しょうがくきん) 장학금

Talk & Talk

08. MP3

1 〜からの ~로부터의

A: 何を①読んでいるんですか。
B: ②取引先からの③メールを①読んでいるんです。

1 ① 待つ　　② 友だち　　③ 電話
2 ① 聞く　　② 彼　　③ メッセージ

2 〜によると ~에 의하면

A: ①天気予報によると、②明日は③晴れるらしいです。
B: それはよかったですね。

1 ① 課長の話　　② 今年のボーナス　　③ 上がる
2 ① 中村さんの話　　② 山田さん　　③ 退院した

3 〜として ~로서 〈자격〉

A: ①このワンピース、どうですか。
B: そうですね。②普段着としてはいいですが、③晴れ着としてはちょっと…。

1 ① あの人　　② 友だち　　③ 彼氏
2 ① あの候補　　② 学者　　③ 政治家

4 〜おかげ ~덕분 *~せい

A: ①先生のおかげで、②日本語が③上手になりました。
B: そうですか。よかったですね。

1 ① 手伝ってくれた　　② 傑作　　③ 出来上がる
2 ① 吉田さんの　　② 限定品　　③ やっと手に入る

Listening & Reading

09. MP3

多くの場合お土産は、観光地などを訪れた際に自分や家族、知人などにあげる物として買うことが多く、その土地の名産物、特産物が(①　　　)。他にも、日本では知人やオフィスを訪問する時、菓子折りなどのお土産を持参する習慣があります。この場合のお土産は、挨拶の(②　)や名刺代わりの品とされます。お菓子なら、老舗や(③　)の(④　)の感じられるものがいいでしょう。

1 内容をよく聞いて(　　)に入る言葉を書きましょう。

①　　　　　②　　　　　③　　　　　④

2 お土産として普通日本人はどんな時、名産物や特産物を買いますか。
① 知人を訪ねる時　　　　② オフィスを訪ねる時
③ 観光地に行った時　　　④ 初対面の人と会う時

3 内容に合っているものはどれですか。
① 日本では知人やオフィスを訪ねる際、菓子折りなどのお土産を持参する習慣がある。
② 日本では知人やオフィスを訪ねる際、必ず名産物や特産物を持参する習慣がある。
③ 観光地などを訪れた際に買って帰るお土産はブランド品が多い。

어휘

普段着(ふだんぎ) 평상복　晴(は)れ着(ぎ) 외출복, 나들이옷　傑作(けっさく) 걸작　出来上(できあ)がる 완성되다, 다 되다
手(て)に入(はい)る 입수하다　名産物(めいさんぶつ) 명물　菓子折(かしお)り (선물용) 과자 상자
老舗(しにせ) 대대로 이어 온, 전통·신용이 있는 점포　初対面(しょたいめん) 첫 대면　ブランド品(ひん) 명품

04 住宅事情

우리나라나 일본이나 내 집 마련을 꿈꾸는 사람이 많습니다. 우리나라 사람들은 아파트를 선호하는 경향이 강하지만, 일본 사람들은 단독주택(一戸建て)을 선호합니다. 우리와 달리 일본의 아파트(アパート)는 좁은 공간에 여러 세대가 함께 살고 관리시스템이 잘 갖추어져 있지 않은 서민적인 주거공간을 말합니다. 한편 우리의 아파트는 다양한 편의시설이 갖추어져 있고 관리시스템이 철저하여 많은 사람들이 선호하는데, 일본의 맨션(マンション)이 우리의 아파트와 비슷한 개념의 공간입니다.

학 / 습 / 포 / 인 / 트

- **～と同じように** ～와 마찬가지로
- **～ていく** ～해 가다 〈변화, 계속적인 행위〉
- **～までに** ～까지 〈기한〉
- **～にとって** ～에게 있어(서) 〈사람·입장·신분〉

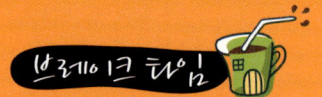

우리의 아파트는 일본어로 맨션(マンション)!? 일본에서 말하는 「アパート」(아파트)는 주로 목조나 철근으로 된 2층 정도 높이의 복도식 건물로, 우리나라의 중고층 아파트는 「マンション」(맨션)이라고 합니다. 일본의 주택은 일반적으로 낮고 목조 주택이 많은데, 습기 방지와 지진을 대비하기 위해서라고 합니다. 또한 일본에서는 주택의 크기를 말할 때 2LDK, 3LDK와 같은 용어를 쓰는데, L은 Living room(거실), D는 Dining room(식당), K는 Kitchen(주방), 맨 앞의 숫자는 방의 개수를 뜻합니다. 즉, 2LDK라고 하면 방이 두 개, 거실, 식당, 주방이 딸린 집이라는 것이지요.

- 日本では普通どうやって家を買いますか。
- 松本さんはどんな家をほしがっていますか。

Dialogue

金　松本さん、引っ越した家はどうですか。

松本　新しいマンションなので、とてもきれいです。ところで、ソウルも東京と同じようにマイホームを持つことって難しいですよね。

金　そうですね。日本では普通どうすれば家が買えるんですか。

松本　住宅ローンで家を買って、２０年から３０年にかけて借りたお金を返していくんですよ。

金　へえ、大変ですね。私も結婚する前までには、マンションを買おうと思っているんですが。

松本　そうですか。私はマンションより一戸建てがほしいんですが。

金　一戸建てって、庶民にとっては夢のような話ですね。

어휘

マイホーム 내 집, 자기 집　ローン 융자　～から～にかけて ～에서 ～에 걸쳐　一戸建(いっこだ)て 단독주택

Sentence Pattern

1 　～と同じように　～와 마찬가지로

- 前回と同じようにやってください。
- 日本にも韓国と同じように義務教育の制度があります。
- 私にも渡辺さんと同じように苦しい時期がありました。
- 作文を書く時、話すのと同じように書けという人もいます。

2 　～ていく　～해 가다 〈변화, 계속적인 행위〉

- 妻と力を合わせて幸せな家庭を作っていきたいと思います。
- 彼の借金はどんどん増えていった。
- 最近は1年も働かずに辞めていく人が多いです。
- これからもがんばって勉強していくつもりです。

어휘

借金(しゃっきん) 빚　辞(や)める (일자리를) 그만두다　これから 앞으로, 이제부터

04 住宅事情 주택 사정

3　～までに　~까지 〈기한〉

- 来週の月曜日までに報告書を提出してください。
- 3時までに行かないと、銀行が閉まってしまいますよ。
- 卒業までに日本語能力試験に合格したいと思います。
- 明日までにこの本を全部読むなんて無理ですよ。

4　～にとって　~에게 있어(서) 〈사람 · 입장 · 신분〉

- 私にとって吉田さんは命の恩人です。
- 彼にとってこれくらいの仕事は朝飯前でしょう。
- 今、彼女にとって一番必要なのは家族の愛です。
- 今回の試験は、高橋さんにとってもいい教訓になったでしょう。

어휘

閉(し)まる (문 등이) 닫히다　命(いのち) 생명　恩人(おんじん) 은인　朝飯前(あさめしまえ) 식은 죽 먹기

Challenge

1 보기와 같이 문장을 바꿔 보세요.

> **보기** ソウルも東京も夏は暑いです → **ソウルも東京と同じように夏は暑いです。**

① 中国語も英語も難しいです
→ _____

② 日本もイギリスも物価が高いです
→ _____

③ 山田さんも鈴木さんもタバコを吸っています
→ _____

④ 母も父も毎日７時に家を出ます
→ _____

2 보기와 같이 문장을 바꿔 보세요.

> **보기** これからも就職活動を続ける → **これからも就職活動を続けていきます。**

① だんだんパソコンのメモリーが減る → _____
② 会社の仕組みを変える → _____
③ 田舎から若い人が次々と離れる → _____
④ 人々の考え方が変わる → _____

어휘

だんだん 점점, 차츰　メモリー 메모리, 컴퓨터의 기억장치　仕組(しく)み 구조　次々(つぎつぎ) 잇달아, 계속해서
離(はな)れる (장소를) 떠나다, 벗어나다　考(かんが)え方(かた) 사고방식

04 住宅事情 주택 사정

3 보기와 같이 문장을 완성해 보세요.

> 보기
> 締め切りは明日です / レポートを出してください
> → 明日までにレポートを出してください。

① 振り込み期限は今週の金曜日です / 授業料を振り込んでください
→ _____

② 賞味期限は今月の12日です / 召し上がってください
→ _____

③ 特別セールは来週の水曜日までです / お越しください
→ _____

④ 締め切りは来月の10日です / 原稿をお願いします
→ _____

4 보기와 같이 문장을 바꿔 보세요.

> 보기
> 子供から見ると遊びは生活の中心だ → 子供にとって遊びは生活の中心だ。

① 小学生から見るとこの問題は難しい → _____
② 韓国人から見ると日本の食べ物は少し甘い → _____
③ 高齢者からするとパソコン操作は大変だ → _____
④ 新入社員からするとこれは責任の重い仕事だ → _____

어휘

締(し)め切(き)り 마감 振(ふ)り込(こ)む (돈을) 불입하다 賞味期限(しょうみきげん) 유통기한 召(め)し上(あ)がる (음식을) 드시다
お越(こ)し 오심, 가심 高齢者(こうれいしゃ) 고령자

Talk & Talk

11. MP3

1 〜と同<ruby>おな</ruby>じように ～와 마찬가지로

A: ①<ruby>韓国<rt>かんこく</rt></ruby>の<ruby>夏<rt>なつ</rt></ruby>は、②<ruby>雨<rt>あめ</rt></ruby>が<ruby>多<rt>おお</rt></ruby>いですか。

B: はい、③<ruby>日本<rt>にほん</rt></ruby>と<ruby>同<rt>おな</rt></ruby>じように②<ruby>雨<rt>あめ</rt></ruby>が<ruby>多<rt>おお</rt></ruby>いです。

1 ① このドラマ　　② おもしろい　　③ <ruby>原作<rt>げんさく</rt></ruby>
2 ① <ruby>金<rt>キム</rt></ruby>さん　　② <ruby>歌<rt>うた</rt></ruby>が<ruby>上手<rt>じょうず</rt></ruby>だ　　③ プロの<ruby>歌手<rt>かしゅ</rt></ruby>

2 〜ていく ～해 가다 〈변화, 계속적인 행위〉

A: ①<ruby>言語<rt>げんご</rt></ruby>は、どんどん<ruby>変<rt>か</rt></ruby>わっていきますね。

B: そうですね。②<ruby>言葉<rt>ことば</rt></ruby>の<ruby>意味<rt>いみ</rt></ruby>も<ruby>変<rt>か</rt></ruby>わっていきますね。

1 ① <ruby>時代<rt>じだい</rt></ruby>　　② <ruby>人<rt>ひと</rt></ruby>の<ruby>考<rt>かんが</rt></ruby>え<ruby>方<rt>かた</rt></ruby>
2 ① <ruby>日本語<rt>にほんご</rt></ruby>の<ruby>教<rt>おし</rt></ruby>え<ruby>方<rt>かた</rt></ruby>　　② <ruby>学習者<rt>がくしゅうしゃ</rt></ruby>のニーズ

3 〜までに ～까지 〈기한〉

A: ①レポートは、いつまでに②<ruby>出<rt>だ</rt></ruby>さなければなりませんか。

B: ③<ruby>月曜日<rt>げつようび</rt></ruby>の５<ruby>時<rt>じ</rt></ruby>までに②<ruby>出<rt>だ</rt></ruby>してください。

1 ① <ruby>受験<rt>じゅけん</rt></ruby>する<ruby>大学<rt>だいがく</rt></ruby>　　② <ruby>決<rt>き</rt></ruby>める　　③ <ruby>来月<rt>らいげつ</rt></ruby>の20<ruby>日<rt>はつか</rt></ruby>
2 ① メールの<ruby>返事<rt>へんじ</rt></ruby>　　② <ruby>送<rt>おく</rt></ruby>る　　③ <ruby>明日<rt>あした</rt></ruby>

4 〜にとって ～에게 있어(서) 〈사람·입장·신분〉

A: <ruby>中村<rt>なかむら</rt></ruby>さんにとって、①オペラとは<ruby>何<rt>なん</rt></ruby>ですか。

B: <ruby>私<rt>わたし</rt></ruby>にとって、①オペラは②<ruby>人生<rt>じんせい</rt></ruby>であり、③<ruby>大切<rt>たいせつ</rt></ruby>な<ruby>恋人<rt>こいびと</rt></ruby>です。

1 ① コンピューター　　② <ruby>仕事<rt>しごと</rt></ruby>　　③ <ruby>友<rt>とも</rt></ruby>だち
2 ① <ruby>結婚<rt>けっこん</rt></ruby>　　② <ruby>第二<rt>だいに</rt></ruby>の<ruby>人生<rt>じんせい</rt></ruby>　　③ <ruby>現実<rt>げんじつ</rt></ruby>

Listening & Reading

12. MP3

韓国にはチョンセという賃貸契約の形式がありますが、これは日本にはありません。日本で賃貸契約をする時は、まず敷金という(① 　　　)を払い、その後毎月決まった(② 　　　)の家賃を払うという形式になります。敷金は、居住者が家賃を払わなかった時などに備える(③ 　　　)という性質のものですので、契約が終わる時に返還されます。ただし、西日本では敷金が全額返還されないこともあります。日本で部屋を借りる時はこのようなことに(④ 　　　)しましょう。

1 内容をよく聞いて(　　　)に入る言葉を書きましょう。

①　　　　　　②　　　　　　③　　　　　　④

2 日本で賃貸契約をする時、最初に払うお金は何ですか。
① 礼金　　② 敷金　　③ 家賃　　④ 内金

3 内容に合っているものはどれですか。
① 日本にはチョンセという賃貸契約の制度はない。
② 敷金を払った後、居住者は家賃を払わなくてもいい。
③ 西日本では敷金は全額返還されるが、東日本では返還されない。

어휘

ニーズ 니즈, 필요　賃貸(ちんたい) 임대　敷金(しききん) 임차 보증금　家賃(やちん) 집세　居住者(きょじゅうしゃ) 거주자
備(そな)える 대비하다　返還(へんかん) 변환　礼金(れいきん) 사례금　内金(うちきん) 계약금

05 金券ショップ

혹시「金券ショップ」에 대해 들어 본 적이 있나요?「金券ショップ」는 각종 상품권과 항공권, 주주우대권 등 다양한 티켓을 할인해서 파는 곳을 말합니다.「金券屋」 또는「チケットショップ」라고도 부르며, 주로 역이나 회사 주변, 슈퍼, 쇼핑몰 등에 들어서 있다고 합니다. 판매 경쟁이 치열한 곳에서는 더 저렴한 가격으로 살 수도 있고, 요즘에는 외화를 교환해 주는 곳도 점차 늘고 있다고 합니다.

학/습/포/인/트

- **~ことにする** ~하기로 하다 〈결정, 취급〉
- **~ているところだ** ~하고 있는 중이다 〈진행 상황〉
- **~とは言っても** ~라고는 하더라도
- **~だけでなく** ~뿐만 아니라 *~ばかりでなく

행운의 상징, 마네키네코(招き猫)!

일본 음식점에는 음식 모형과 함께 고양이 인형이 장식되어 있는 곳이 많은데, 이 고양이를 '마네키네코(招き猫)'라고 합니다.「招く」(손짓하여 부르다)와「猫」(고양이)가 합쳐져서 만들어진 단어로, 뒷발로 앉아서 누군가를 부르는 듯한 자세로 왼쪽 앞발을 들고 있으면 손님을, 오른쪽 앞발을 들고 있으면 돈과 행운을 가져다준다고 합니다. 그리고 앞발을 높이 들고 있을수록 더 많은 행운을 가져다준다고 하네요. 원래 마네키네코는 흰 바탕에 노랑과 검정 무늬가 섞인 삼색인데, 마네키네코의 색깔에 따라 흰색은 복, 검은색은 마귀 퇴치, 붉은색은 질병 예방, 금색은 금전 운을 부른다고 믿는답니다.

- 金さんは姫路から鎌倉まで何に乗って移動しますか。
- 金券ショップというのは、どんなところですか。

Dialogue

13. MP3

金　今度の休みに日本に遊びに行くことにしました。

伊東　そうですか。どこに行こうと思っているんですか。

金　今、調べているところですけど、姫路と鎌倉に行きたいと思います。

伊東　じゃあ、新幹線に乗って移動するんですか。

金　ええ。安く上げたいとは言っても、この歳では夜行バスは疲れるので。

伊東　一回だけ新幹線に乗るなら、金券ショップで新幹線の切符を買うと

いいですよ。

金　金券ショップって、何ですか。

伊東　いろんなチケットを定価より安く売っている店です。

新幹線の切符だけでなく、

飛行機のチケットも

ありますよ。

어휘

姫路(ひめじ) 일본 효고현에 있는 상공업 도시로 히메지성이 있음　鎌倉(かまくら) 일본 가나가와현에 있는 도시로 가마쿠라 막부가 있었던 곳
上(あ)げる (얼마의 비용으로) 끝내다　夜行(やこう)バス 야간 버스

Sentence Pattern

1 〜ことにする ~하기로 하다 〈결정, 취급〉

- 今日から毎日30分ずつ歩くことにしました。
- 私は休みの日でも6時に起きることにしています。
- その話はなかったことにしよう。
- 私はこの場にいなかったことにしてください。

2 〜ているところだ ~하고 있는 중이다 〈진행 상황〉

- 今、木村さんから借りた小説を読んでいるところだ。
- すみません、今そちらに向かっているところです。
- その件については、対策を考えているところです。
- 事故の原因については現在調査しているところです。

어휘

〜ずつ ~씩   場(ば) 자리, 장소   向(む)かう 향해 가다

3　〜とは言っても　〜라고는 하더라도

- 女性の社会的地位が向上したとは言っても、まだ平等というには程遠いじゃありませんか。
- 忙しいとは言っても、家族サービスするのを忘れてはいけない。
- コンビニ弁当で食事を済ますのが楽だとは言っても、体のことも考えなければならない。
- いくらブランド品だとは言っても、値段が高すぎますね。

4　〜だけでなく　〜뿐만 아니라　＊〜ばかりでなく

- 先輩は食事をおごってくれるだけでなく、悩みも聞いてくれる。
- 佐藤さんはいい意見を出すだけでなく、実際にそれを行動に移す人です。
- この商品は安いだけでなく、品質も素晴らしいですよ。
- 彼は日本語が上手なだけでなく、日本の歴史にも詳しいです。

※ この方法は非効率的なばかりでなく、費用もたくさんかかる。

어휘

程遠(ほどとお)い (거리・시간이) 좀 멀다　済(す)ます (다른 것으로) 때우다　おごる 한턱내다　移(うつ)す (행동으로) 옮기다
詳(くわ)しい 잘 알고 있다, 정통하다　かかる (비용 등이) 들다

Challenge

1 보기와 같이 문장을 완성해 보세요.

> 보기
> 残業が続いている / 今日は早く終わらせる
> → 残業が続いているので、今日は早く終わらせることにした。

① 来週からテストだ / 今週はテレビを見ない

→ _____

② 赤ちゃんが生まれた / 明日からタバコを吸わない

→ _____

③ 最近、少し太ってきた / 今日からダイエットを始める

→ _____

④ 就職が決まった / 毎朝早く起きる

→ _____

2 보기와 같이 문장을 바꿔 보세요.

> 보기
> 今、お風呂に入る → 今、お風呂に入っているところです。

① 妹は歯を磨く → _____

② 姉は引き出しの中を片付ける → _____

③ 母は台所の掃除をする → _____

④ 明日引っ越しなので荷造りをする → _____

어휘

引(ひ)き出(だ)し 서랍 片付(かたづ)ける 치우다, 정리하다 荷造(にづく)り 짐을 꾸림

05 金券ショップ 금권숍

3 보기와 같이 문장을 완성해 보세요.

> **보기**
> 鈴木さんは体が小さいです / 鈴木さんはがっしりしています
> → 鈴木さんは体が小さいとは言っても、がっしりしています。

① 金さんは大学で英語を専攻しました / 金さんは英語はほとんど話せません
→ _____

② 田中さんは社長です / 田中さんは従業員が2人しかいません
→ _____

③ 私の住んでいる町は古いです / この町は伝統があります
→ _____

④ この店は有名なシェフが経営しています / この店は値段が高すぎます
→ _____

4 보기와 같이 문장을 완성해 보세요.

> **보기**
> コーヒーが好きです / 紅茶も好きです
> → コーヒーだけでなく、紅茶も好きです。

① テニスをします / ゴルフもします　　　　→ _____

② 肉を食べます / 野菜も食べます　　　　→ _____

③ アルバイトをします / ボランティア活動もします → _____

④ ドキュメンタリーを見ます / ニュースも見ます → _____

어휘
がっしり (체격이나 물건의 구조 등이) 튼튼하고 다부진 모양　シェフ 셰프, 주방장　ボランティア 자원봉사자
ドキュメンタリー 다큐멘터리

Talk & Talk

14. MP3

1 〜ことにする　〜하기로 하다 〈결정, 취급〉

A: ①卒業後は何をしますか。
B: ②日本に留学することにしました。

1. ① 今度の夏休み　　② 友だちと香港を旅行する
2. ① 会社を辞めてから　② 大学院で勉強する

2 〜ているところだ　〜하고 있는 중이다 〈진행 상황〉

A: ①レポートは②出しましたか。
B: いいえ、今、③書いているところです。

1. ① 落し物　　② 見つかる　　③ 探す
2. ① 借りた本　② 返す　　　　③ 読む

3 〜とは言っても　〜라고는 하더라도

A: ①体力に自信があるとは言っても、②残業を続けるのは③よくないです。
B: はい、気をつけます。

1. ① 運転が上手だ　② 制限速度を超える　③ 危ない
2. ① 親しい仲だ　　② 人の欠点を言う　　③ 失礼だ

4 〜だけでなく　〜뿐만 아니라　＊〜ばかりでなく

A: ①三味線、②習いますか。
B: ①三味線だけでなく、③踊りも②習いたいです。

1. ① 生ビール　② 飲む　③ マッコリ
2. ① パソコン　② 買う　③ プリンター

Listening & Reading

15. MP3

日本の大きな駅には、金券ショップがあるのが(① 　　)です。そこでは新幹線や飛行機のチケットだけでなく、デパートの商品券、図書券、(② 　　)、お米券など様々なチケットが売られています。一方、コンサートのチケットは金券ショップで扱うと違法となるので、(③ 　　)から預かったチケットを展示して販売を仲介するという形を取っています。デパートで買い物をしたり、新幹線に乗る時、金券ショップを利用すれば(④ 　　)より数パーセント安く上がります。

1　内容をよく聞いて(　　)に入る言葉を書きましょう。

① 　　　　　② 　　　　　③ 　　　　　④

2　金券ショップで扱うと違法となるものはどれですか。

① 図書券　　　　　② デパートの商品券
③ お米券　　　　　④ コンサートのチケット

3　内容に合っているものはどれですか。

① 金券ショップは日本の駅ならどこにでもある。
② 金券ショップでコンサートのチケットを買う人は多い。
③ 金券ショップで商品券やチケットを買うと、現金よりも少し安く上がる。

어휘

落(お)し物(もの) 분실물　見(み)つかる 찾게 되다, 발견되다　超(こ)える (정도를) 넘다　仲(なか) 사이, 관계　欠点(けってん) 결점
三味線(しゃみせん) 일본 고유의 현악기　生(なま)ビール 생맥주　マッコリ 막걸리　お米券(こめけん) 쌀 상품권
扱(あつか)う 다루다, 취급하다　違法(いほう) 위법　仲介(ちゅうかい) 중개　上(あ)がる (비용 등이) 들다

06 通勤手段

일본은 전철 노선이 잘 정비되어 있기 때문에 통근 수단으로 전철을 많이 타고, 집에서 역까지는 자전거를 이용하는 경우가 많습니다. 그래서 공공장소 주변에는 꼭 자전거 주차장이 있는데요, 복층으로 되어 있는 곳도 있습니다. 이런 곳은 24시간 이용이 가능한데요, 요금은 한 달에 1층이 2,000엔, 옥상이 800엔 정도입니다. 요즘에는 자전거 이용자수가 늘어나서 그런지 무료 주차장이 늘고 있다고 합니다.

학/습/포/인/트

- ~始(はじ)める ~하기 시작하다 〈개시·시작〉
- ~がてら ~하는 김에, ~을 겸하여
- ~には ~에는, ~려면
- ~てもらいたい ~해 주었으면 하다

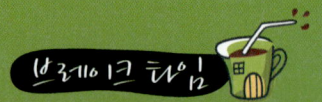

역마다 다른 발차 멜로디

철도역에서 승하차 중인 승객들에게 열차의 출발을 알리기 위해 사용하는 음악을 '발차 멜로디(発車(はっしゃ)メロディー)'라고 합니다. 일본에서는 역에 따라 흘러나오는 음악이 다른데, 이렇게 각각 다른 음악이 나오면 내려야 할 역을 무심결에 지나쳐 버리는 일이 훨씬 줄어들 것 같다는 생각이 드네요. 드물지만 전혀 다른 노선이나 역임에도 같은 음악을 사용하고 있는 곳도 있다고 하는데요, 도쿄의 다카다노바바역(高田馬場駅(たかだのばばえき))은 근처에 만화영화 〈아톰(鉄腕(てつわん)アトム)〉을 제작한 데즈카 오사무(手塚治虫(てづかおさむ)) 감독의 스튜디오가 있다고 해서 〈아톰〉 주제곡을 사용하고 있답니다.

Q&A
- 金さんはなぜ自転車で通勤していますか。
- 自転車通勤の利点は何ですか。

Dialogue

16. MP3

伊東　金さんは、何で通勤してますか。

金　　自転車です。1ヶ月前から自転車で通勤し始めました。

伊東　へえ、自転車ですか。かっこいいですね。

金　　最近、運動不足で体力が落ちたんで、運動がてら自転車に乗っています。

伊東　そうですか。サイクリングって健康に本当にいいでしょうね。
　　　ダイエットにもなるし。

金　　ええ、健康にいいばかりでなく、交通費の節約にもなりますからね。

伊東　でも、韓国の道路は自転車で通勤するには少し危なくないですか。

金　　ええ、確かに。安心して自転車に乗れるように
　　　道路を整備してもらいたいですね。

어휘

利点(りてん) 이점　落(お)ちる (힘이나 세력 등이) 떨어지다　サイクリング 사이클링　〜ばかりでなく 〜뿐만 아니라

Sentence Pattern

1　～始(はじ)める　～하기 시작하다 〈개시 · 시작〉

- ビタミン剤(ざい)を飲(の)み始(はじ)めてからもう１０年(ねん)にもなる。
- 推理小説(すいりしょうせつ)を読(よ)み始(はじ)めたら、眠気(ねむけ)が覚(さ)めた。
- 資格(しかく)を取(と)るために塾(じゅく)に通(かよ)い始(はじ)めた。
- スペイン旅行(りょこう)をきっかけにスペイン語(ご)を勉強(べんきょう)し始(はじ)めた。

2　～がてら　～하는 김에, ～을 겸하여

- 散歩(さんぽ)がてら買(か)い物(もの)に行(い)きましょう。
- 近(ちか)くに来(き)た時(とき)は遊(あそ)びがてら私(わたし)の家(いえ)に寄(よ)ってください。
- 仕事(しごと)がてらバイヤーと飲(の)みに行(い)きました。
- ご挨拶(あいさつ)がてら先生(せんせい)のお宅(たく)に行(い)って来(き)ました。

어휘

ビタミン剤(ざい) 비타민제　眠気(ねむけ) 졸음　覚(さ)める (잠 등이) 깨다　塾(じゅく) 학원　通(かよ)う (학교 · 직장에) 다니다
きっかけ 계기　寄(よ)る 들르다　バイヤー 바이어

06 通勤手段 통근 수단

3 〜には ~에는, ~려면

- 子供が泳ぐにはこのプールは深くありませんか。
- 3人家族が住むにはこの家は広すぎます。
- ダイエットするにはこの運動が一番効果があります。
- 結婚するにはまず家が要ります。

4 〜てもらいたい ~해 주었으면 하다

- 環境のことをもっと真剣に考えてもらいたいです。
- 親はいつも子供に健康に育ってもらいたいと思っている。
- 悩み事を親しい友だちに聞いてもらいたい。
- この問題は上司に解決してもらいたい。

어휘

要(い)る 필요하다　真剣(しんけん) 진지함　悩(なや)み事(ごと) 고민거리

Challenge

1 보기와 같이 문장을 바꿔 보세요.

> **보기**
> いつから韓国の友だちにメールをしましたか(高校の修学旅行の時から)
> → **高校の修学旅行の時からメールをし始めました。**

① いつから生け花教室に通いますか(今日から)
  → _____

② いつから引っ越しの準備をしますか(朝8時から)
  → _____

③ いつから英語の小説を読みましたか(アメリカ旅行をきっかけに)
  → _____

④ いつから日本料理の作り方を習いましたか(2年前から)
  → _____

2 보기와 같이 문장을 바꿔 보세요.

> **보기**
> 買い物を兼ねて町をぶらぶら歩いて来ます
> → **買い物がてら町をぶらぶら歩いて来ます。**

① 語学研修を兼ねてボランティア活動に参加します → _____
② 旅行を兼ねて友だちに会います → _____
③ 散歩を兼ねて本屋に寄って来ます → _____
④ 運動を兼ねて毎日駅まで歩いて行きます → _____

어휘

生(い)け花(ばな) 꽃꽂이   作(つく)り方(かた) 만드는 법   兼(か)ねる 겸하다   ぶらぶら 어슬렁어슬렁 * 목적 없이 거니는 모양
語学研修(ごがくけんしゅう) 어학연수

06 通勤手段 통근 수단

3 보기와 같이 문장을 완성해 보세요.

> 보기: 会社に通います / 自動車が便利です → **会社に通うには自動車が便利です。**

① 日本語に慣れます / 日本に行くのが一番です
  → _____

② そのレストランに行きます / まず予約ができるか確認したほうがいいです
  → _____

③ 安い切符を買います / どこの旅行社がいいですか
  → _____

④ 鈴木社長に会います / 事前に連絡を入れなければなりません
  → _____

4 보기와 같이 문장을 바꿔 보세요.

> 보기: もう少し我慢してほしいです → **もう少し我慢してもらいたいです。**

① 私の代わりに行ってほしいです → _____
② 日付を変えてほしいです → _____
③ 私の気持ちを分かってほしいです → _____
④ 考え直してほしいです → _____

어휘

事前(じぜん) 사전 連絡(れんらく)を入(い)れる 연락을 하다 我慢(がまん) 참음, 견딤 ~てほしい ~해 주었으면 싶다
代(か)わり 대신, 대리 日付(ひづけ) 날짜 考(かんが)え直(なお)す 다시 생각하다, 재고하다

Talk & Talk

17. MP3

1 〜始(はじ)める 〜하기 시작하다 〈개시・시작〉

A: ①ギター、上手(じょうず)ですね。いつから②弾(ひ)き始めましたか。
B: ③中学生(ちゅうがくせい)の頃(ころ)から、②弾(ひ)き始めました。

1 ①英語(えいご)、うまい ②習(なら)う ③小学(しょうがく)3年生(ねんせい)
2 ①桜(さくら)の花(はな)、きれいだ ②咲(さ)く ③3月(がつ)の終(お)わり

2 〜がてら 〜하는 김에, 〜을 겸하여

A: ①散歩(さんぽ)がてら、②コンビニに行(い)って来(き)ます。
B: はい、いってらっしゃい。

1 ①買(か)い物(もの) ②渋谷(しぶや)
2 ①勉強(べんきょう) ②図書館(としょかん)

3 〜には 〜에는, 〜려면

A: この①料理(りょうり)は一人(ひとり)で②食(た)べるには③量(りょう)が多(おお)いです。
B: じゃ、一緒(いっしょ)に②食(た)べましょう。

1 ①問題(もんだい) ②解(と)く ③かなり難(むずか)しい
2 ①道(みち) ②行(い)く ③少(すこ)し怖(こわ)い

4 〜てもらいたい 〜해 주었으면 하다

A: 佐藤君(さとうくん)、①この本(ほん)、ちょっと②貸(か)してもらいたいんだけど。
B: うん、いいよ。

1 ①仕事(しごと)のことで ②相談(そうだん)に乗(の)る
2 ①英語(えいご)のメール ②翻訳(ほんやく)する

Listening & Reading

18. MP3

日本でも近年、(① 　　　)問題や健康への関心の高まりで自転車が(② 　　　)され始めました。それで自転車通勤をする人が増え、各地で自転車通勤を奨励する自治体や企業も出てきました。さらに都心ではバイク便に代わって自転車便が増えてきています。しかし、自転車は、主に短い距離の移動手段として使われることが多く、値段も(③ 　　　)で手軽さゆえに、放置自転車や走行中の携帯電話利用、歩道でのスピードの出しすぎなど、マナー(④ 　　　)も多くなっています。

1 内容をよく聞いて(　　　)に入る言葉を書きましょう。

①　　　　　②　　　　　③　　　　　④

2 日本では近年、なぜ自転車通勤をする人が増えていますか。
① 健康への関心が高まっているため　② 自転車便が増えてきているため
③ 自転車通勤を奨励する企業があるため　④ 放置自転車があるため

3 内容に合っているものはどれですか。
① 都心では自転車便に代わってバイク便が増えてきている。
② 各地で自転車通勤を奨励する自治体や企業も出てきた。
③ 自転車は、主に長距離の移動手段として使われることが多い。

어휘

ギター 기타　弾(ひ)く (악기를) 연주하다, 치다　解(と)く (의문·문제를) 풀다　相談(そうだん)に乗(の)る 상담에 응하다
近年(きんねん) 최근 몇 년　高(たか)まり 높아짐, 고조　奨励(しょうれい) 장려　自治体(じちたい) 지자체, 지방 자치 단체
さらに 게다가, 더욱더　バイク便(びん) 오토바이 택배　自転車便(じてんしゃびん) 자전거 택배　手軽(てがる)さ 손쉬움, 간편함
〜ゆえに 〜때문에

07 オンドル

우리나라 사람들에게 겨울을 이겨 내는 데 온돌만한 것이 없습니다. 한편 일본에서는 최근 온돌식 바닥난방(オンドル式床暖房)을 도입하여 집을 짓는 경우가 점차 늘고 있다고 합니다. 온돌은 따로 실내에 난방기구를 둘 필요가 없어 방을 효율적으로 이용할 수 있고 공기를 오염시킬 염려도 없다는 장점이 있습니다. 온돌은 일본뿐만 아니라 미국, 호주 등지에도 진출하여 그 우수성을 인정받고 있습니다.

학/습/포/인/트

- **〜に弱い** 〜에 약하다, 〜을 잘 못하다
- **〜がり(屋)** 〜하는 성격, 〜인 체함, 또는 그런 사람
- **〜に比べると** 〜에 비하면 〈비교〉
- **〜込む** 충분히 〜하다

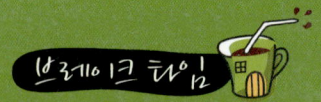

겨울나기 필수품, 「こたつ」!

일본 드라마나 만화를 보면 상에 이불을 씌워 놓고, 그 안에 다리를 넣고 앉아 식사를 하는 장면이 많이 나옵니다. 이것은 「こたつ」라고 하는 일본의 전통 난방기구로 우리말로 이름을 붙이자면 '난방 테이블' 정도라고 할까요? 옛날에는 작은 용기에 숯을 넣고 그 위에 나무로 만든 틀을 놓은 다음 이불을 씌웠는데, 지금은 전기를 사용합니다. 난방이 잘 안 되는 일본 주택에서는 적은 전기료로 난방이 가능해 매우 경제적입니다. 한편 여름에는 이불을 없애고 상으로 많이 씁니다.

- 伊東さんはなぜ冬が苦手なのですか。
- ソウルの冬はどうですか。

Dialogue

19. MP3

伊東　11月に入って、かなり秋も深まってきましたね。

李　　ええ、朝晩は肌寒い日も多くなりましたね。

伊東　私はもうコートがないと、寒くて大変ですよ。

李　　伊東さんは寒さに弱いんですか。

伊東　ええ、寒がりなので冬は苦手なんですよ。李さんは平気ですか。

李　　ええ、去年に比べると、そんなに寒くはないと思いますけど。

伊東　ソウルの冬は、結構冷え込むと聞いたので、心配ですね。

李　　大丈夫ですよ。韓国にはオンドルっていうのがありますから。

伊東　あ、オンドルですか。聞いたことあります。

李　　オンドルの部屋は床が温かいので、
体がぽかぽかと温まりますよ。

어휘

苦手(にがて) 질색, 서투름　入(はい)る (어느 시기에) 접어들다　深(ふか)まる 깊어지다　朝晩(あさばん) 아침저녁
肌寒(はださむ)い 쌀쌀하다　コート 코트　平気(へいき) 태연함, 끄떡없음　冷(ひ)える 추워지다, 쌀쌀해지다　ぽかぽか 따끈따끈, 포근포근
温(あたた)まる 따뜻해지다

Sentence Pattern

1 ～に弱い ～에 약하다, ～을 잘 못하다

- 彼は女性の涙に弱い。
- 英語は強いが、数学に弱い。
- プラスチックは火に弱い。
- 私は暑さに弱くて毎年夏バテします。

2 ～がり(屋) ～하는 성격, ～인 체함, 또는 그런 사람

- 私は暑がりで夏はクーラーがないと眠れない。
- 彼女は怖がりでホラー映画は絶対に見ない。
- 彼女はすごい寂しがり屋でいつも誰かと一緒にいたがる。
- 彼は辛いことがあってもいつも大丈夫だと強がりを言う。

어휘

プラスチック 플라스틱   夏(なつ)バテ 여름을 탐   クーラー 쿨러, 냉방 장치   ホラー 호러, 공포

07 オンドル 온돌

3 〜に比（くら）べると ~에 비하면 〈비교〉

- 男性（だんせい）に比（くら）べると、女性（じょせい）はかなりおしゃべり好（ず）きです。
- 昔（むかし）に比（くら）べると、自然（しぜん）がずいぶん破壊（はかい）されています。
- 西洋（せいよう）に比（くら）べると、日本（にほん）は住宅（じゅうたく）が狭（せま）いです。
- さっき見（み）たものに比（くら）べると、質（しつ）や値段（ねだん）の面（めん）から見（み）てこちらがよさそうだ。

4 〜込（こ）む 충분히 ~하다

- 二人（ふたり）は留学（りゅうがく）のことで話（はな）し込（こ）んでいます。
- シチューはじっくり煮（に）込（こ）むのがこつです。
- フライパンは使（つか）い込（こ）むほどいいです。
- 今夜（こんや）は結構（けっこう）冷（ひ）え込（こ）みますね。

어휘

おしゃべり好(ず)き 잡담을 좋아함 シチュー 스튜 じっくり 시간을 들여 꼼꼼하게 하는 모양 こつ 요령 フライパン 프라이팬
〜ほど 〜(할)수록

Challenge

1 보기와 같이 문장을 바꿔 보세요.

> **보기** 私は朝早く起きられません → **私は朝に弱いです。**

① お酒を飲むと、すぐ酔います → _____

② 女性の涙を見ると、心が痛くなります → _____

③ 練習ではうまいのに本番で失敗します → _____

④ 年を取った人はＩＴ機器を使いません → _____

2 보기와 같이 문장을 바꿔 보세요.

> **보기** 高橋さんはいつも暑いと言っている → **高橋さんは暑がりです。**

① 妹は誰かに会うといつも恥ずかしいと言っている

→ _____

② 木村さんはいつも寂しいと言っている

→ _____

③ 彼女は夜道を歩くといつも怖いと言う

→ _____

④ めぐみさんは寒さに弱い

→ _____

• 어휘

酔(よ)う (술에) 취하다 本番(ほんばん) 본방송, 본연기 ＩＴ(アイティー) IT 夜道(よみち) 밤길

3 보기와 같이 문장을 바꿔 보세요.

> **보기**
> 鈴木さんより田中さんのほうが金持ちだ
> → 鈴木さんに比べると田中さんのほうが金持ちだ。

① 冬は東京よりソウルのほうが寒い → _____

② 新幹線より飛行機のほうがずっと速い → _____

③ 女性より男性のほうが平均寿命が短い → _____

④ 池田さんより山本さんのほうが成績がいい → _____

4 (　　) 안의 말을 「〜込む」 문형을 이용해 바꿔 보세요.

① 動物をうまく(教える)には好きな食べ物を利用するのが効果的だ
→ _____

② 古いアルバムを誰も分からないところに(しまう)
→ _____

③ 彼はこれからの進路のことについて(考える)
→ _____

④ 彼の言った冗談をすっかり本当の事だと(思う)
→ _____

어휘

しまう 치우다, 간수하다　すっかり 완전히

Talk & Talk

20. MP3

1 ～に弱い ～에 약하다, ～을 잘 못하다

A: ①伊藤君は、②女性の涙に弱いですね。
B: ええ、③純情なんですよ。

1 ①前田さん　　②朝　　③夜型人間
2 ①林さん　　②お酒　　③父親譲り

2 ～がり(屋) ～하는 성격, ～인 체함, 또는 그런 사람

A: あの人、いつも①厚着をしていますね。
B: ええ、②寒がり屋なんです。

1 ①うつむく　　②恥ずかしい
2 ①誰かとお酒を飲む　　②寂しい

3 ～に比べると ～에 비하면 〈비교〉

A: ①この辺は、②昔に比べると、ずいぶん③変わりましたね。
B: ええ、そうですね。

1 ①高校生の体格　　②10年前　　③大きくなる
2 ①出張　　②以前　　③減る

4 ～込む 충분히 ～하다

A: ①サムゲタンは、どうやって作りますか。
B: ②若鶏といろんな材料を③煮込んで作ります。

1 ①このパン　　②パン生地にバター　　③練る
2 ①かま飯　　②米や野菜など　　③炊く

Listening & Reading

21. MP3

韓国では、古くから暖房と言えばまきや練炭を使った床暖房の「オンドル」で、現代でも家庭ではガス温水式のオンドルの暖房が一般的です。(① 　　)韓国では一戸建ての家はもちろん、マンションもすべての(② 　　)にオンドルが(③ 　　)されています。また、厳しい寒さを避けるために窓はほとんど2重になっています。日本と同じように、床に直接座る生活が定着している韓国では、その厳しい寒さのためオンドルが(④ 　　)しました。

1 内容をよく聞いて( )に入る言葉を書きましょう。

① 　　　　　② 　　　　　③ 　　　　　④

2 現代、韓国の床暖房の「オンドル」は、一般的にどんな方法で床を温めますか。

① ガス温水式　　② まき　　③ 練炭　　④ 石油

3 内容に合っているものはどれですか。

① 韓国では、古くから暖房はガス温水式の床暖房の「オンドル」だ。
② 韓国は日本と同じように、床に直接座る生活が定着している。
③ 韓国の窓は厳しい寒さを避けるためにほとんど3重になっている。

어휘

純情(じゅんじょう) 순정, 순진함　夜型人間(よるがたにんげん) 올빼미형 인간　父親譲(ちちおやゆず)り 아버지에게 물려받음
厚着(あつぎ) (옷을) 두껍게 껴입음　うつむく 머리[고개]를 숙이다　サムゲタン 삼계탕　若鶏(わかどり) 영계　パン生地(きじ) 빵 반죽
バター 버터　練(ね)る 반죽하다　かま飯(めし) 솥밥　炊(た)く (밥을) 짓다　まき 장작　練炭(れんたん) 연탄

08 ウィンタースポーツ

겨울철에 즐기는 스포츠를 윈터 스포츠(ウィンタースポーツ)라고 하는데요, 눈 위에서 하는 스키(スキー), 스노보드(スノーボード) 등을 비롯해 얼음 위에서 하는 스케이트(スケート), 아이스하키(アイスホッケー), 봅슬레이(ボブスレー), 컬링(カーリング) 등이 이에 해당됩니다. 일본에서 윈터 스포츠 지역으로 유명한 곳은 홋카이도(北海道)와 도호쿠(東北) 지방, 호쿠신에쓰(北信越)이며, 특히 동계올림픽(冬季オリンピック)이 열렸던 홋카이도와 나가노(長野)현이 윈터 스포츠의 메카로 알려져 있습니다.

학/습/포/인/트

- **〜でしたよね** 〜였지요 〈확인〉
- **〜なんか** 〜따위, 〜같은 것
- **初〜** 첫〜, 처음〜
- **〜とともに** 〜와 함께, 〜와 같이

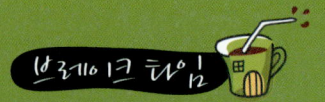

일본의 정취를 한껏 느낄 수 있는 료칸(旅館)!

일본에 가면 일본의 전통 여관인 료칸(旅館)에 묵어 보는 것이 좋습니다. 그만큼 료칸은 우리의 여관과는 사뭇 다른 문화와 흥취를 지니고 있기 때문이죠. 역사적으로 유명한 문인이나 학자들이 오래 머물렀다고 전해지는「文化旅館」, 온천을 끼고 있는「温泉旅館」도 많이 있습니다. 점원이「着物」를 입고 서비스를 하는 료칸은 식사를 자기 방에서 할 수 있도록 하는 곳이 대부분이라 일반적으로 비싸다는 인상이 있지만,「素泊まり」(식사는 하지 않고 숙박만 함)를 하면 1박에 5,000엔 정도로 이용할 수 있다고 합니다.

- 伊東さんの出身はどこですか。
- 長野はどんなところですか。

Dialogue

22. MP3

金　そろそろスキーシーズンですね。
　　伊東さん、長野出身でしたよね。じゃ、スキーなんか得意でしょうね。

伊東　ええ、実は先週初雪が降った日、スキーに行って来たんですよ。

金　へえ、早いですね。韓国のスキー場はどうでしたか。

伊東　人工雪だから日本とは違いますけど、結構楽しかったですよ。

金　長野は雪がたくさん降りますよね。
　　私も一度自然の雪で滑ってみたいな。

伊東　それじゃ、みんなで旧正月に行きましょうか。
　　長野はスキー場とともに、温泉も有名なんですよ。

金　えっ、本当ですか。行きたいな。

어휘

出身(しゅっしん) 출신　そろそろ 이제 곧　シーズン 시즌, 계절　得意(とくい) 잘함, 자신이 있음　滑(すべ)る (스케이트・스키 등을) 타다
旧正月(きゅうしょうがつ) 구정, 음력설

Sentence Pattern

1　〜でしたよね　〜였지요 〈확인〉

- 彼は学生時代はテニス選手でしたよね。
- サッカーの試合の中継は午後6時でしたよね。
- 昔から彼女は歌が上手でしたよね。
- 待ち合わせは本屋の前でしたよね。

※ 去年の夏も蒸し暑かったですよね。

2　〜なんか　〜따위, 〜같은 것

- こんな問題なんか誰にでも分かる。
- 病気になってからはもうインスタント食品なんか食べない。
- 幽霊なんか全然怖くない。
- こんなプレゼントなんかで解決できないよ。

어휘

中継(ちゅうけい) 중계　待(ま)ち合(あ)わせ (시일・장소를 정해 놓고) 만나기로 함　蒸(む)し暑(あつ)い 무덥다

08 ウィンタースポーツ 윈터 스포츠

3 初～ 첫～, 처음～

- 初舞台でとても緊張した。
- 大学を卒業してこの会社に初出勤した。
- 初恋の話を聞かせてください。
- 明日は彼との初デートなので何を着て行こうかなと悩んでいる。

4 ～とともに ～와 함께, ～와 같이

- 家族とともに海外旅行に行った。
- 田舎で自然とともに暮らしたい。
- 年齢とともに体力が衰えていく。
- 時代の変化とともに人々の考え方も変わっていく。

어휘

年齢(ねんれい) 연령, 나이 衰(おとろ)える (체력・기세 등이) 쇠약해지다

Challenge

1 보기와 같이 문장을 바꿔 보세요.

> **보기** レポートの締め切りは明日だ → **レポートの締め切りは明日でしたよね。**

① 昨日の試験は簡単だった → _____
② 法律事務所はこのビルの３階だ → _____
③ 私たちが初めて会った日は雨だった → _____
④ 先生のお誕生日は３月１０日だ → _____

2 보기와 같이 문장을 바꿔 보세요.

> **보기** 誕生日のプレゼントにネクタイのようなものはどうですか
> → **誕生日のプレゼントにネクタイなんかはどうですか。**

① お土産にクッキーのようなものを買って行こうかな

→ _____

② 急にパスタのようなものが食べたくなった

→ _____

③ 風邪ぐらいで病院には行かないよ

→ _____

④ 駅の近くに100円ショップのような店はありませんか

→ _____

어휘

クッキー 쿠키　パスタ 파스타

08 ウィンタースポーツ 윈터 스포츠

3 보기와 같이 문장을 바꿔 보세요.

> 보기
> 大学の時、初めて恋をした → 大学の時、初恋をした。

① 今年は11月に初めて雪が降った
　→ _____

② この映画は今日初めて公開された
　→ _____

③ 入社して今日初めて出勤した
　→ _____

④ あの選手はオールスター戦に初めて出場した
　→ _____

4 보기와 같이 문장을 완성해 보세요.

> 보기
> 大学の教え子 / 卒業旅行に出かける
> → 大学の教え子とともに卒業旅行に出かける。

① 失恋 / 成長する　　　　　　　　→ _____
② 国が発展する / 生活が豊かになる → _____
③ 時が経つ / 辛いことも忘れていく → _____
④ 大人になる / 責任も重くなる　　 → _____

어휘
出場(しゅつじょう) (경기 등에) 출전함　教(おし)え子(ご) 제자　失恋(しつれん) 실연　時(とき)が経(た)つ 때가[시간이] 지나다

Talk & Talk

23. MP3

1　〜でしたよね　〜였지요〈확인〉

A: ①ここは、②学校でしたよね。
B: はい、③上野小学校でした。

1　① 一昨日　　　② 休日　　　③ 秋分の日
2　① 鈴木さんのお父さん　② 先生　　③ 数学の先生

2　〜なんか　〜따위, 〜같은 것

A: ①誕生日のプレゼント、何がいいかな。
B: ええと、②財布なんかどうですか。

1　① 日本料理　　② お好み焼き
2　① スポーツ　　② 水泳

3　初〜　첫〜, 처음〜

A: ①結婚相手は、②初恋の人です。
B: 本当。③珍しいですね。

1　① 今回の講演　② 舞台　　③ 楽しみ
2　① その話　　② 耳　　　③ 遅い

4　〜とともに　〜와 함께, 〜와 같이

A: ①あの歌手は②新曲とともに、③初ツアーをするそうです。
B: へえ、本当ですか。

1　① デパート　　② 年明け　　③ 新年特別セール
2　① ツバキ電子　② 俳優の木村さん　③ アメリカ攻略

Listening & Reading

24. MP3

長野県は「日本の屋根」と呼ばれる(①　　　)山々に囲まれた自然の豊かさが(②　　　)で、日本百名山の29座が長野県に所在しています。県の面積は全国第4位と大規模ですが、(③　　　)や山が多いため、そのほとんどが自然です。また、長野名物の信州そばや冬季オリンピックの(④　　　)となった都市としても有名です。その他、長い歴史を持つ温泉地として有名で、古くからその効能には定評があります。

1 内容をよく聞いて(　　)に入る言葉を書きましょう。

①　　　　　②　　　　　③　　　　　④

2 長野県は「日本の何」と呼ばれていますか。

① 家屋　　② 屋台　　③ 屋敷　　④ 屋根

3 内容に合っているものはどれですか。

① 長野県の名物は信州うどんだ。
② 長野県の面積は全国第8位だ。
③ 長野県は長い歴史を持つ温泉地として有名で、その効能には定評がある。

어휘

秋分(しゅうぶん)の日(ひ) 추분의 날 * 일본 경축일의 하나로 매년 9월 23일경임　ツアー 투어　年明(としあ)け 연초　屋根(やね) 지붕
山々(やまやま) 많은 산　名山(めいざん) 명산　〜座(ざ) 〜좌 * 높은 산의 수를 셀 때 씀
屋台(やたい) 포장마차, 이동할 수 있게 만든 지붕이 달린 판매대　屋敷(やしき) 대지

韓国生活

일본 사람들이 우리나라에 살면서 힘든 것 중 하나가 자신의 의사를 명확히 표현해야 하는 점이라고 합니다. 헤아림의 문화(察しの文化) 속에서 살아온 일본 사람들은 말을 하지 않아도 분위기로 상대방의 의도를 파악하는 것에 익숙하지만, 우리나라에서는 그것이 통하지 않는 경우가 많다고 합니다. 그래서 거절할 때도 상대방의 기분이 상하지 않도록 명확한 표현을 삼가기 때문에 오해를 사는 일이 종종 있습니다. 한국인 친구 집에 초대를 받았을 때도 상대방이 더 먹으라고 권하면 거절을 못해서 억지로 다 먹는 에피소드도 있다고 하네요.

학 / 습 / 포 / 인 / 트

- **〜だらけ** 〜투성이
- **〜きれない** 다 〜할 수 없다, 완전히 〜할 수 없다
- **〜っぽい** 〜같다, 〜하는 경향이 강하다
- **〜はずだ** (당연히) 〜할 것이다 〈당위〉

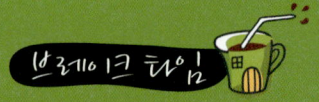

일본에서는 숟가락을 안 쓴다? 일본의 식사 예절은 우리나라와 다소 차이가 있는데요, 오므라이스, 카레라이스 등을 제외하고는 젓가락으로 먹는 것이 일반적입니다. 젓가락을 사용할 때는 음식을 찔러서 집거나 밥에 꽂아 두거나 뒤적거리면서 골라 먹는 것은 예의에 어긋나는 일이죠. 젓가락으로 음식을 주고받거나 밥을 남의 밥그릇에 덜거나 하는 것도 금물입니다. 또한 큰 접시에 담긴 음식을 덜 때는 개인 젓가락이 아닌 전용 젓가락을 사용해야 합니다. 밥그릇은 반드시 들고 먹어야 하고, 국물을 마실 때도 국그릇을 들고 입을 갖다 대고 마시며 밥을 국이나 물에 말아 먹거나 비벼 먹지도 않습니다.

- 松本さんは韓国に来て何年になりますか。
- 松本さんは女性にモテますか。

Dialogue

25. MP3

金 松本さんは韓国に来て何年になりますか。

松本 韓国に来てですか。もう5年になりますね。

金 そうですか。じゃあ、もう韓国の生活にも慣れたでしょう。

松本 そうですね。今はある程度慣れたような気がしますね。でも、最初は分からないことだらけで、失敗したことも数えきれません。

金 へえ、そうだったんですか。今はすっかり韓国に溶け込んでいるみたいです。見た目も韓国人っぽいし。

松本 でも、全然韓国人の彼女はできませんけどね。

金 おかしいなあ。
松本さんみたいなタイプはモテるはずなんですけど。

어휘

モテる (이성에게) 인기가 있다 気(き)がする 느낌[생각]이 들다 失敗(しっぱい) 실수 溶(と)け込(こ)む 융화되다, 동화되다
見(み)た目(め) 겉보기

Sentence Pattern

1 ～だらけ　～투성이

- 彼の作文は間違いだらけだった。
- 私の部屋はゴミだらけで足の踏み場もない。
- 子供の頃はよく泥だらけになって遊びました。
- 傷だらけの顔を隠そうと、彼はうつむいた。

2 ～きれない　다 ～할 수 없다, 완전히 ～할 수 없다

- 3日間でこれだけの書類はとても読みきれない。
- 食べきれないほどの量の食事が出た。
- まだ別れた彼氏のことが諦めきれないんです。
- 一番大事な時に失敗してしまって、悔やんでも悔やみきれない。

어휘

踏(ふ)み場(ば) 발 디딜 곳　悔(く)やむ 후회하다

3 〜っぽい ~같다, ~하는 경향이 강하다

- 彼女は見た目とは違って男っぽい性格です。
- 彼には少し子供っぽいところがあります。
- 川村さんは最近怒りっぽくて困りますね。
- 年のせいか、私もずいぶん忘れっぽくなりました。

4 〜はずだ (당연히) ~할 것이다 〈당위〉

- 1時間前に家を出たと言っていたので、もうそろそろ来るはずです。
- 何かの間違いじゃありませんか。この品物はもっと安いはずなんですが。
- レシピどおりに作ったので塩の量は十分なはずなんですが、味が薄いですね。
- 予定どおりなら、中島さんは今日帰国するはずです。

어휘

レシピ 레시피　薄(うす)い (맛이) 담백하다, 싱겁다

Challenge

1 보기와 같이 문장을 바꿔 보세요.

> **보기** おばあちゃんの顔はしわが多い → **おばあちゃんの顔はしわだらけだ。**

① 田中君の答案用紙は間違いが多い → _____
② 叔父は金遣いが荒くて借金が多い → _____
③ この世の中は矛盾が多い → _____
④ 体中、傷がたくさんある → _____

2 ( ) 안의 말을 「～きれない」 문형을 이용해 바꿔 보세요.

① クリスマスイブを(待つ)
　→ _____

② この気持ちは言葉では(伝える)
　→ _____

③ 絶対に間違いはないと(言う)
　→ _____

④ 荷物が(持つ)ほど多い
　→ _____

어휘

しわ 주름　金遣(かねづか)いが荒(あら)い 돈의 씀씀이가 헤프다　矛盾(むじゅん) 모순

韓国生活 한국 생활

3 보기와 같이 문장을 바꿔 보세요.

> 보기
> 最近、女性のような男性が多くなった
> → 最近、女性っぽい男性が多くなった。

① 彼女はいつも子供のような服装をしている
→ _____

② 高橋さんは飽きやすい性格です
→ _____

③ 田中さんは忘れやすいので困ります
→ _____

④ このバッグは安く見える
→ _____

4 보기와 같이 문장을 완성해 보세요.

> 보기
> あの山に登る / きれいな景色が見られる
> → あの山に登れば、きれいな景色が見られるはずだ。

① 春になる / 雪が解ける → _____

② 人の痛みを感じる / 優しくなれる → _____

③ 無断欠席をする / 先生から連絡が来る → _____

④ 集中力を高める / 勉強の効果が上がる → _____

어휘
飽(あ)きる 질리다, 싫증 나다　解(と)ける 녹다　無断欠席(むだんけっせき) 무단결석

Talk & Talk

26. MP3

1 〜だらけ ~투성이

A: どうしたんですか。①顔が②傷だらけだけど。
B: 実は③ケンカしたんです。

1 ① 部屋　　　② ゴミ　　　③ 掃除していない
2 ① 計算　　　② 間違い　　③ 検算していない

2 〜きれない 다 ~할 수 없다, 완전히 ~할 수 없다

A: ①足が痺れて②走りきれなかったんです。
B: ③残念ですね。

1 ① 食欲を　　　② 抑える　　③ しょうがない
2 ① 将来の夢を　② 諦める　　③ 意志が強い

3 〜っぽい ~같다, ~하는 경향이 강하다

A: ①大人なのに、②話すことが③子供っぽいですね。
B: 最近、そんな人が多いです。

1 ① 男性　　　② 仕草　　　③ 女性
2 ① 東洋人　　② 体付き　　③ 西洋人

4 〜はずだ (당연히) ~할 것이다 〈당위〉

A: ①デパートは②今日休みですか。
B: ええ、③火曜日は定休日のはずです。

1 ① 吉本さん　　② 出張中　　③ 来週帰国する
2 ① 佐々木さん　② 外出中　　③ 3時には戻る

Listening & Reading

27. MP3

韓国で生活している日本人に韓国生活について聞くと、いい点としてよく返ってくるのは「あまり気を遣わなくてもいいので人間関係が楽だ」という答えです。反対に(①　　)点としては「(②　　)にも精神的にも人との距離を十分保つことができない」という答えがよく返ってきます。それだけ韓国人と日本人が考える人間関係に差があるということが分かります。これはどちらが正しくてどちらが間違っているということではないので、お互いを理解して(③　　)が(④　　)ように努力する必要があるでしょう。

1 内容をよく聞いて(　　)に入る言葉を書きましょう。

①　　　　②　　　　③　　　　④

2 日本人が韓国生活のいい点として挙げているのはどれですか。

① 気を遣わなくてもいい点　　② 人との距離が近い点
③ 人間関係に差がある点　　　④ お互いを理解する点

3 内容に合っているものはどれですか。

① 日本人にとっては韓国人の人間関係は近すぎるように思えることが多い。
② 日本人は韓国人のことを誤解していることが多い。
③ 人との精神的距離を保つには努力する必要がある。

어휘

検算(けんざん) 검산　痺(しび)れる 저리다, 마비되다　抑(おさ)える (감정을) 억제하다, 참다　仕草(しぐさ) 동작, 표정, 태도
体付(からだつ)き 체격　保(たも)つ 유지하다　挙(あ)げる (예 등을) 들다

10 受験

일본도 우리 못지않게 교육열이 대단해서 수험생들 간의 경쟁이 치열합니다. 일본에도 우리나라의 입시학원 같은 곳이 있는데요, 「塾」(학원) 또는 「予備校」(입시학원)라고 합니다. 특히 취직이나 시험 등을 대비하는 학원의 경우 「～セミナー」(～세미나), 「～アカデミー」(～아카데미), 「～学院」(～학원)이라고 하기도 합니다. 한편 「塾」는 「進学塾」(진학학원) 외에 초중고생을 위한 「学習塾」(보습학원)와 「ピアノ塾」(피아노학원) 등과 같이 예체능 등의 교습학원의 뜻도 가지고 있고, 「予備校」는 입시학원 외에 고시학원을 의미하기도 합니다.

학/습/포/인/트

- **～というわけではない** ～인 것은 아니다
- **～にすぎない** ～에 불과하다
- **わざわざ** 일부러
- **～ないで済む** ～하지 않아도 되다

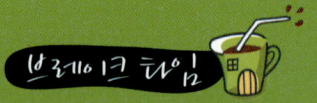

시험 보기 전에 금기시하는 말

중요한 시험을 앞두고 있을 때는 가족을 비롯해 주위 사람들도 불합격을 연상시키는 단어들, 이를테면 「落ちる」(떨어지다), 「滑る」(미끄러지다), 「転ぶ」(넘어지다) 등의 사용을 피하고, 반대로 합격을 뜻하는 「勝つ」(이기다), 「受かる」(합격하다) 등의 말을 많이 씁니다. 이러한 말을 일본어로 「忌み言葉」라고 하는데요, 이와 관련해서 우리가 시험 전날 합격을 기원하며 엿 등을 선물하는 것과 마찬가지로, 일본에서는 「豚カツ」(돈까스)를 「試験に勝つ」(시험에 이기다)라는 의미로 시험 전날 먹기도 합니다.

- 韓国の中高生の日常生活はどうですか。
- 日本の生徒たちは放課後に何をしますか。

Dialogue

28. MP3

伊東　韓国の中高生は受験のストレスで大変ですよね。
　　　毎日塾に行かせられて、遊ぶ時間もないじゃないですか。

金　　ええ、そうですね。日本は違うんですか。

伊東　日本も幼稚園から試験を受ける人もいますから、大変じゃない
　　　というわけではないですけど、韓国ほどではないと思います。

金　　そう言えば、私も毎日勉強で遊ぶ暇なかったな。

伊東　日本の生徒たちは、放課後に運動などの部活をしていますよ。
　　　塾に通っているのは、ほんの一部にすぎないんです。

金　　じゃあ、韓国のようにわざわざお金を払って
　　　運動をさせないで済みますね。
　　　うらやましいなあ。

어휘

部活(ぶかつ) 학생의 클럽 활동 *「部活動(ぶかつどう)」의 준말　ほんの 아주, 겨우, 불과

Sentence Pattern

1 ～というわけではない ～인 것은 아니다

- 勉強すれば、誰でも合格するというわけではありません。
- 日本人だからと言って、みんな自己主張が弱いというわけではない。
- 日本語を専攻しているからと言って、日本語が上手だというわけではない。
- 作品が多いからと言って、立派な作家だというわけではない。

2 ～にすぎない ～에 불과하다

- 軽い冗談で言ったにすぎないのに、本気で怒られてしまった。
- 彼は自分の利益を守ろうとしているにすぎない。
- そんな説明は言い訳にすぎません。
- これは作品というより、単なる落書きにすぎません。

어휘

本気(ほんき) 진심, 진지한 마음　言(い)い訳(わけ) 변명　単(たん)なる 단순한　落書(らくが)き 낙서

10 受験 수험

3　わざわざ 일부러

- 30分の講演を聞くためにわざわざ2時間かけて会場に行った。
- 今日はわざわざ来てくれて、本当にありがとう。
- 先生は私のためにわざわざお土産を買って来てくださった。
- 何でわざわざそんなことをしなきゃいけないんですか。

4　～ないで済む ~하지 않아도 되다

- 一週間前にキャンセルしたので、お金を払わないで済んだ。
- 彼はその日欠席していたので、事故に巻き込まれないで済みました。
- 電話で問い合わせていれば来ないで済んだのに。
- 今日の飲み会では部長が早く帰ったので、説教を聞かないで済んだ。

어휘

キャンセル 캔슬, 취소　巻(ま)き込(こ)む (사건 등에) 연루되게 하다, 끌어들이다　問(と)い合(あ)わせる 문의하다

Challenge

1 보기와 같이 문장을 완성해 보세요.

> **보기**
> きれいだ / 人気があるとは言えない
> → きれいだからと言って、人気があるというわけではない。

① 返事をした / すべて納得したとは言えない
→ _____

② 釣り堀に行った / 釣れるとは言えない
→ _____

③ 彼氏がいない / 男性が嫌いだとは言えない
→ _____

④ 仕事が速い / いいとは言えない
→ _____

2 보기와 같이 문장을 바꿔 보세요.

> **보기**
> 神話なんて、ただの作り話だ → 神話なんて、作り話にすぎない。

① 二人が結婚したというのはただの噂だ → _____
② 私は入社したばかりのただの平社員だ → _____
③ あのような行為はただの自己満足だ → _____
④ 今回発覚した汚職事件は氷山の一角だ → _____

어휘

釣(つ)り堀(ぼり) 유료 낚시터   作(つく)り話(ばなし) 꾸며 낸 이야기   平社員(ひらしゃいん) 평사원   汚職(おしょく) 공직자의 부정・비리
氷山(ひょうざん)の一角(いっかく) 빙산의 일각

10 受験 수험

3 보기와 같이 문장을 완성해 보세요.

> 보기
> 帰る方向が反対だった / 車で送ってくれた
> → 帰る方向が反対なのにわざわざ車で送ってくれた。

① 迎えに来なくてもいいと言った / 空港まで迎えに来た → _____

② 聞きたくなかった / 友だちの結婚話を知らせに来た → _____

③ 2時間もかけて行った / 店は休みだった → _____

④ 料理を作った / 誰も食べなかった → _____

4 보기와 같이 문장을 완성해 보세요.

> 보기
> 今回は成績がよかった / 母の説教を聞かなかった
> → 今回は成績がよかったから、母の説教を聞かないで済んだ。

① 先輩が仕事を手伝ってくれた / 残業をしなかった
→ _____

② 今日は主人がいない / 晩ご飯を作らなかった
→ _____

③ 怪我が軽かった / 手術をしなかった
→ _____

④ エコバッグをおまけでもらった / 買わなかった
→ _____

어휘

結婚話(けっこんばなし) 결혼이야기　知(し)らせる 알리다　エコバッグ 에코백　おまけ 서비스, 덤

Talk & Talk

29. MP3

1 〜というわけではない ~인 것은 아니다

A: ①犬が②嫌いですか。
B: いいえ、特に②嫌いだというわけではありません。

1. ① 金さんと仲　　② いい
2. ① ブランド品　　② 好きだ

2 〜にすぎない ~에 불과하다

A: ①汚職が見つかったんですってね。
B: ええ、でも②氷山の一角にすぎませんよ。

1. ① お子さん、コンクールに入賞した　　② 地域コンクールだ
2. ① 彼の家、大金持ちだ　　② 父親の財産だ

3 わざわざ 일부러

A: 君に①会いたくて、わざわざここに来たんだ。
B: 本当。②うれしい。

1. ① あげる　　② ありがとう
2. ① 見せる　　② すごい

4 〜ないで済む ~하지 않아도 되다

A: ①旅行の時、②お金を使わないで済む方法はありますか。
B: あります。③ヒッチハイクをすることです。

1. ① 入会する　　② 直接申請に行く　　③ インターネットで申請する
2. ① ケンカになった　　② 怒る　　③ 大きく深呼吸をする

Listening & Reading

30. MP3

韓国では大学(①　　)の時に「大学修学能力試験」を受けますが、日本にもこれと似た「大学入試センター試験」というものがあります。ただし、日本の場合はセンター試験を(②　　)していない大学を受ける場合、この試験を受ける必要はありません。とはいっても、(③　　　　)や有名私立大学のほとんどはセンター試験を採用しているので、受験生の(④　　)がセンター試験を受けることになります。センター試験では開始当初、英語・ドイツ語・フランス語の3ヶ国語のみ試験を行っていました。その後、1997年度から中国語が、2002年度から韓国語がそれぞれ導入されています。

1 内容をよく聞いて(　　)に入る言葉を書きましょう。

①　　　　　②　　　　　③　　　　　④

2 大学入試センター試験の外国語試験にないものはどれですか。

① 英語　　② スペイン語　　③ 韓国語　　④ ドイツ語

3 内容に合っているものはどれですか。

① センター試験は、全ての受験生が受ける試験だ。
② センター試験の外国語試験は3種類で実施されている。
③ 中国語のほうが韓国語より先にセンター試験の外国語試験に追加された。

어휘

コンクール 콩쿠르　大金持(おおがねも)ち 큰 부자　ヒッチハイク 히치하이크　とはいっても 그렇다고는 해도　先(さき) 먼저
追加(ついか) 추가

就職難

요즘 전 세계적으로 실업자 문제가 심각합니다. 그중에는 취업활동을 열심히 하는 사람도 있지만 꽉 짜여진 사회조직에 들어가고 싶지 않아 취업을 하지 않는 사람도 있습니다. 이러한 사람을 일본에서는 「ニート」(니트족)라고 하는데, 원래는 교육이나 직업훈련을 받지 않은 사람을 가리키는 말이었다고 합니다. 비슷한 말로 「フリーター」(프리터족)가 있는데, 이는 몇 개의 파트타임 일만을 하는 것을 말하므로 「ニート」와는 차이가 있습니다.

학/습/포/인/트

- どれほど～ことか 얼마나 ～했는지
- ～末(に) ～끝에
- ～に対する ～에 대한
- ～わりには ～에 비해서는, ～치고는

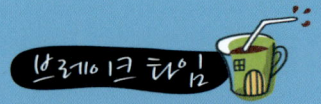

의지표현은 NO, 희망표현은 YES! 일본 사람은 친한 사이가 아니면 「～つもりです」(～할 생각[작정]입니다)와 같은 의지표현을 잘 쓰지 않습니다. 상황에 따라서는 이런 표현을 쓰면 자칫 오해를 받을 수 있기 때문이라는데요, 대신에 「～たいと思います」(～하고 싶다고 생각합니다), 「～ようと思います」(～하려고 생각합니다)와 같은 희망표현을 써서 자신의 의사를 약하게 나타냅니다. 이처럼 일본 사람들은 주위 사람들과의 조화를 최우선으로 생각해 자신의 생각이나 행동이 튀는 것을 상당히 꺼립니다.

- 松本さんは何が大きな問題だと言っていますか。
- フリーターって何ですか。

Dialogue

31. MP3

松本　日本も韓国も就職難が大きな問題ですね。

金　ええ、特に2、30代の青年失業者が深刻ですね。

松本　大学を卒業しても就職できず、フリーターの生活をする若者たちも多いですからね。

金　私も一時フリーターでしたけど、収入が安定しなくて辛かったですね。家族の視線がどれほど痛かったことか。

松本　へえ、そんな時期もあったんですか。

金　ええ、必死に就活した末に、やっとこの会社に就職できました。だから、この会社に対する愛社精神は人並み以上なんです。

松本　なるほど。でも、そのわりにはお酒を飲んだ次の日、よく遅刻しますよね。

어휘

一時(いちじ) (과거의) 한때　就活(しゅうかつ) 취업활동 * 「就職活動(しゅうしょくかつどう)」의 준말　愛社(あいしゃ) 애사
人並(ひとな)み 보통 정도, 남과 같음　なるほど (듣던 바와 같이) 과연, 정말

Sentence Pattern

1 どれほど〜ことか 얼마나 〜했는지

- 高校生の頃はどれほど勉強したことか。
- この日が来るのをどれほど待ち望んだことか。
- どれほどあなたに会いたかったことか。
- 好きなことをして生活するというのは、どれほど幸せなことか。

2 〜末(に) 〜끝에

- いろいろ考えた末、彼は会社を辞めることにした。
- さんざんケンカした末に、彼らは別れてしまいました。
- 10年間の研究の末、電子の正確な形が明らかになった。
- 苦学の末、ついに彼は司法試験に合格しました。

어휘

待(ま)ち望(のぞ)む 손꼽아 기다리다　さんざん 심하게, 몹시　苦学(くがく) 고학　ついに 마침내, 드디어

11 就職難 취직난

3 〜に対（たい）する ~에 대한

- 彼（かれ）の上司（じょうし）に対（たい）する態度（たいど）は、いつも礼儀（れいぎ）正（ただ）しい。
- 子供（こども）に対（たい）する親（おや）の愛情（あいじょう）は、実（じつ）に深（ふか）いものです。
- 委員会（いいんかい）では彼（かれ）の報告（ほうこく）に対（たい）する質問（しつもん）が最（もっと）も多（おお）かった。
- 地震（じしん）に対（たい）する対応状況（たいおうじょうきょう）について、ご説明（せつめい）いたします。

4 〜わりには ~에 비해서는, ~치고는

- 山田君（やまだくん）、よく勉強（べんきょう）したわりにはあまりいい成績（せいせき）とは言（い）えないですね。
- 警備員（けいびいん）のバイトは給料（きゅうりょう）が安（やす）いわりにはきついそうです。
- このワンルームマンションは交通（こうつう）が便利（べんり）なわりには家賃（やちん）が安（やす）いと思（おも）う。
- この子（こ）は年（とし）のわりにはしっかりしている。

어휘

きつい 고되다　ワンルームマンション 원룸 맨션　しっかり (기량・성질・생각 등이) 견실한 모양

Challenge

1 보기와 같이 문장을 바꿔 보세요.

> 보기
> 学生にとって、勉強は大変だ → **学生にとって勉強はどれほど大変なことか。**

① 父親にとって、家族の存在は大切だ → _____

② 子供には母親の愛情が必要だ → _____

③ 入社試験に受かってうれしかった → _____

④ 彼との再会を待った → _____

2 보기와 같이 문장을 완성해 보세요.

> 보기
> 延長戦をした / その結果、中国に勝ちました
> → **延長戦の末、中国に勝ちました。**

① 口論をした / その結果、殴り合いになった
  → _____

② 苦労した / その結果、上司に認められた
  → _____

③ 必死の努力をした / その結果、新製品を開発した
  → _____

④ 1年間の追跡をした / その結果、連続殺人事件の犯人を捕まえた
  → _____

어휘

口論(こうろん) 말다툼, 언쟁   殴(なぐ)り合(あ)い 주먹다짐   追跡(ついせき) 추적

11 就職難 취직난

3 보기와 같이 문장을 바꿔 보세요.

> **보기**
> うちのレストランではお客さんに向けての態度が一番大事です
> → うちのレストランではお客さんに対する態度が一番大事です。

① 最近風邪に向けての抵抗力を高めています → _____
② 先生に向けての言葉遣いも成績に評価されています → _____
③ 吉田さんは仕事に向けての姿勢が問題になっています → _____
④ 地震被害に向けての支援をお願いします → _____

4 보기와 같이 문장을 완성해 보세요.

> **보기**
> このかばんは安かった / 思ったより丈夫だ
> → このかばんは安かったわりには丈夫だ。

① 新しい機械を導入した / 思ったより能率が上がらない
→ _____

② 値段が高い / 思ったよりおいしくなかった
→ _____

③ ちゃんと勉強した / 思ったより点数が高くなかった
→ _____

④ 高本さんは新入社員だ / 思ったより仕事が速い
→ _____

어휘

言葉遣(ことばづか)い 말씨, 말투

Talk & Talk

32. MP3

1 どれほど～ことか 얼마나 ～했는지

A: ①タバコを吸うことがどれほど②健康に悪いことか、分かってますよね。
B: はい、これからは③止めます。

1 ① 人を疑う　② 人を傷付ける　③ 注意する
2 ① 規則を守る　② 大切だ　③ 絶対に守る

2 ～末(に) ～끝에

A: ①出勤しないんですか。
B: ②悩みに悩んだ末、③会社を辞めることにしました。

1 ① 帰国する　② 迷いに迷う　③ 今度帰る
2 ① 試合に出る　② いろいろ検討する　③ 諦める

3 ～に対する ～에 대한

A: 最近、①環境問題に対する関心が高まってきました。
B: それほど②地球が汚れているということですね。

1 ① 少子化　② 出産率が落ちる
2 ① 高齢化　② 寿命が延びる

4 ～わりには ～에 비해서는, ～치고는

A: ①このバッグは、②値段が高いわりには③よく売れますね。
B: そうですね。

1 ① 渡辺さん　② 年齢　③ 若く見える
2 ① あの選手　② 期待しなかった　③ 活躍している

Listening & Reading

33. MP3

どこの国にも就職が難しい時期はあるものですが、日本の場合1993年から2005年がその時期に当たると言われています。特に日本ではこの時期を「就職(①　　　)」と呼んでいます。こうした就職難は、個人の力ではどうすることもできない社会的な問題です。日本の場合は、人口の多い(②　　　)の定年退職などで就職難はある程度(③　　　)されましたが、フリーターや(④　　　)社員が増加するなど、雇用関係の問題はまだまだたくさんあります。

1 内容をよく聞いて(　　　)に入る言葉を書きましょう。

①　　　　　②　　　　　③　　　　　④

2 日本の就職難はいつ始まりましたか。

① 1985年　② 1993年　③ 1998年　④ 2005年

3 内容に合っているものはどれですか。

① 就職難は働きたくないという気持ちによって起こるものだ。
② 日本では就職難が10年以上続いた。
③ 日本の就職難が収まったのは政府の雇用政策のおかげだ。

어휘

傷付(きずつ)ける (명예・기분을) 상하게 하다, 손상시키다　収(おさ)まる 수습되다

12 着物

우리나라에 '한복'이 있다면 일본에는 기모노(着物)가 있습니다. 원래 기모노는 '옷, 의복'이라는 뜻이지만, 지금은 일본의 전통 의상을 지칭하는 말이 되었습니다. 설날(お正月)과 20세가 된 성인 남녀를 축하하는 성인식(成人式), 어린아이의 건강을 기원하는 시치고산(七五三), 결혼식(結婚式), 장례식(お葬式) 등 일본 사람들은 긴 역사를 기모노와 함께 해왔습니다. 그러므로 일본 사람의 기모노에 대한 애정은 각별하다고 합니다.

학/습/포/인/트

- **～とも** ~라고도
- **いくら～ても** 아무리 ~해도
- **(가격)～する** (가격) ~하다
- **～とは** ~라니, ~하다니

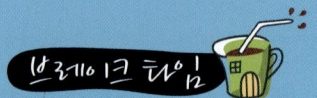

기모노(着物)의 특징

기모노(着物)는 머리 위에서부터 뒤집어 써서 입는 옷은 하나도 없습니다. 전부 앞이 트여 있고 품이 넉넉해 좌우 포개어서 여미는 스타일입니다. 여유분의 품은 오비(帯: 겉옷 위로 허리에 칭칭 감아 뒤에서 묶는 일본의 허리띠)로 죄어 매고, 깃고대, 소맷부리, 아랫자락을 모두 넓게 터 놓았으며, 가랑이가 달린 옷은 입지 않으므로 통풍은 잘 될지 몰라도 보온성이 약해 활동적인 것과는 거리가 있습니다. 기모노를 입는 법은 짧은 주반(襦袢: 기모노 속에 입는 상반신 속옷), 고시마키(腰巻: 기모노 속에 받쳐 입는 하반신 속옷), 혹은 길다란 주반을 속에 입고 그 위에 나가기(長着: 어깨부터 발목까지 내려 오는 긴 겉옷)를 입습니다.

- 振袖とはどんな着物ですか。
- 振袖の値段はいくらぐらいですか。

Dialogue

34. MP3

李　今朝の新聞に、日本の成人式の写真が載ってましたよ。

伊東　ああ、きれいな振袖を着た女性が出てましたね。

李　えっ、着物のことを振袖とも言うんですか。

伊東　ええ、袖の部分が長くて振れるようになっていて、未婚の女性が着る着物です。

李　へえ、じゃあ、結婚した女性は振袖を着てはいけないんですか。

伊東　ええ、結婚した女性は袖の短い留袖を着るんですよ。

李　そうなんですか。値段はいくらぐらいですか。

伊東　ピンからキリまであるんですが、いくら安くてもセットで3、40万円はしますよ。

李　ええっ、そんなに高いとは、思わなかった。

▶ 어휘

振袖(ふりそで) 미혼 여성이 사교용으로 입는, 겨드랑이 밑을 꿰매지 않은 소매통이 긴 기모노　袖(そで) 소매
留袖(とめそで) 보통 소매 길이의 기모노　ピンからキリまで 최상급에서 최하급까지

Sentence Pattern

1　〜とも　〜라고도

- この空模様では雨が降らないとも言えない。
- この会社に入社してよかったとも悪かったとも言えないですね。
- コピー機のことを複写機とも言う。
- このバッグは芸術品とも呼べるほど美しいです。

2　いくら〜ても　아무리 〜해도

- 佐藤君はいくらくすぐっても笑わないんだよ。
- いくら食べても太らないからうらやましい。
- 彼はいくら誘っても一度も飲み会に顔を出してくれない。
- いくら説得してもだめだった。

어휘

空模様(そらもよう) 날씨　くすぐる 간지럽히다　顔(かお)を出(だ)す 얼굴을 내밀다, (모임 등에) 참석하다

3 (가격)～する (가격) ~하다

- 都市のマンションは最低でも５千万円はするそうだ。
- 旅行の費用は全部でいくらぐらいしますか。
- 大学の授業料は何百万ウォンもするのが普通だ。
- お金を貯めて１２万円もするギターを買った。

4 ～とは ~라니, ~하다니

- 独身主義者だった彼が結婚したとは以外だった。
- 伊藤さんがこんなに思いやりがあるとは思わなかった。
- 安売りしているとは聞いたが、ジャケットがこれほど安いとは驚いた。
- あの二人が離婚したとは全然知らなかった。

어휘

安売(やすう)り 싸게 팖, 염가 판매   ジャケット 재킷   これほど 이 정도

Challenge

1 보기와 같이 문장을 바꿔 보세요.

> **보기**
> 現代人にとって、ゴミをどう処理するかは大きな問題だ
> → 現代人にとって、ゴミをどう処理するかは大きな問題だとも言える。

① 高校生の私には、これは人生最大の悩みだ
→ _____

② 着物は日本の女性にとって、ファッションの基本です
→ _____

③ うちの家族にとって、この犬はペット以上の存在なのだ
→ _____

④ このアルバムは今までの活動の集大成である
→ _____

2 보기와 같이 문장을 완성해 보세요.

> **보기**
> 手を洗う / きれいにならない → 手をいくら洗ってもきれいにならない。

① 彼に電話する / つながらない → _____

② 彼はたくさん食べる / 太らない → _____

③ 運動する / 痩せない → _____

④ 勉強する / 点数が上がらない → _____

어휘

処理(しょり) 처리 アルバム 앨범

12 着物 기모노

3 보기와 같이 문장을 바꿔 보세요.

> 보기
> そのかばんは、いくらぐらいの値段で売っていますか
> → **そのかばんは、いくらぐらいしますか。**

① このコートは、どの店でも3万円以上の値段で売っています
  → _____

② あの時計は、免税店で10万円ぐらいの値段で売っています
  → _____

③ この辺のマンションは、一ヶ月15万円の値段で貸しています
  → _____

④ どの店でも、車は一日4,000円以上の値段で貸しています
  → _____

4 보기와 같이 문장을 바꿔 보세요.

> 보기
> この町であんな凶悪な事件が起きるとは驚いた
> → **この町であんな凶悪な事件が起きるとは思わなかった。**

① こんな都会の中に広い公園があるとは驚いた → _____
② 急に雨が降るとは驚いた → _____
③ 彼が今度の試合に勝てないとは驚いた → _____
④ 今日が休みの日だとは驚いた → _____

어휘

凶悪(きょうあく) 흉악

Talk & Talk

35. MP3

1 〜とも ~라고도

A: ①この報告書はどうですか。
B: 今のところではまだ②いいとも③悪いとも言えないね。

1 ① アンケートの結果　② 賛成だ　③ 反対だ
2 ① 他の部署の協力　② 必要だ　③ 不要だ

2 いくら〜ても 아무리 ~해도

A: いくら①食べても②飽きないのは何ですか。
B: そうですね。③味噌ラーメンかな。

1 ① 高い　② 買いたい　③ スマートフォン
2 ① がんばる　② できない　③ 結婚

3 (가격)〜する (가격) ~하다

A: この①かばん、②30万円もします。
B: へえ、③ブランド品ですか。

1 ① ワイン　② 200万ウォン　③ ビンテージ
2 ① 茶碗　② 10万円　③ 職人の作品

4 〜とは ~라니, ~하다니

A: ①韓国が優勝するとは②予想できなかった。
B: でも、かなり③がんばったでしょう。

1 ① こんなに売れる　② 思わない　③ 宣伝する
2 ① 木村君が合格する　② 意外だ　③ 努力する

Listening & Reading

36. MP3

着物は日本の(① 　　)(② 　　)ですが、洋服の一般化によって着用する機会が減少しています。振袖は未婚女性が着用する最も格式高い着物です。結婚式や成人の日、卒業式、(③ 　　)、パーティーなどに振袖を着用します。着物の中にもいくつか種類があり、未婚、(④ 　　)を問わず、冠婚祭、社交着として着用できるのが訪問着です。また、浴衣は夏に着る着物でお祭りや花火大会などに着用します。

1 内容をよく聞いて( )に入る言葉を書きましょう。

①　　　　　②　　　　　③　　　　　④

2 未婚女性が着用する最も格式高い着物は何ですか。

① 浴衣　　② 訪問着　　③ 留袖　　④ 振袖

3 内容に合っているものはどれですか。

① 着物は洋服の一般化によって着用する機会が減っている。
② 冠婚祭、社交着として着用できるのが浴衣だ。
③ 浴衣は冬に着る着物でお祭りなどに着用する。

어휘

ビンテージ 빈티지　職人(しょくにん) 장인　問(と)わず 불문하고
冠婚祭(かんこんさい) 관혼제 ＊「冠(かん)」은 '관례(성인식)', 「婚(こん)」은 '혼례(결혼식)', 「祭(さい)」는 '제례(제사)'를 뜻함
社交着(しゃこうぎ) 예복, 정장　訪問着(ほうもんぎ) (여성의) 나들이옷, 약식 예복

13 お見舞い

일본어로 '병문안'은 「お見舞い」입니다. 병문안을 할 때 위문품(お見舞い品)을 가지고 가는데, 경우에 따라 가지고 가서는 안 되는 것이 있으므로 주의해야 합니다. 대표적인 예가 화분인데요, 화분은 「根付く」(뿌리내리다)라는 말이 「寝付く」(병으로 눕다)라는 말을 연상시키므로 터부시되고 있습니다. 또한 시클라멘, 국화, 동백, 수국, 백합 같은 꽃도 불길한 것을 연상시키는데, 시클라멘(シクラメン)은 죽음(死)과 괴로움(苦しみ)의 발음과 비슷하고, 동백(つばき)은 꽃이 질 때 잘린 목이 떨어지는 모습을 연상시킨다고 하여 불길하게 여기고 있습니다.

학/습/포/인/트

- **〜なさる** 〜하시다 〈「する」(하다)의 높임말〉
- **お〜になる** 〜하시다 * ご〜になる 〈존경표현〉
- **お〜する** 〜해 드리다 * ご〜する 〈겸양표현〉
- **〜なさい** 〜하시오, 〜하세요

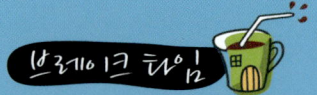

사용을 기피하는 「忌み言葉」!

일본어는 어감이나 단어의 뉘앙스 하나하나에 의미를 부여하는 특성이 있기 때문에 특정 상황에서 사용해서는 안 되는 단어가 있습니다. 「忌み言葉」(불길한 의미를 연상시키는 단어 또는 그 단어를 대신해서 쓰는 말)가 그것인데, 이것은 종교상의 이유 혹은 특정 직업이나 상황에서 사용을 기피하는 단어를 말합니다. 이를테면 결혼식 연설에서는 「割れる」(깨지다), 「切れる」(끊어지다), 「帰る」(돌아개[오]다) 같이 이별을 연상시키는 말과 「ますます」(점점), 「重ね重ね」(거듭거듭) 등처럼 겹치는 말은 재혼의 이미지로 연결되므로 삼가야 합니다.

- 部長の具合はどうですか。
- 部長が担当していたプロジェクトは、どうなりましたか。

Dialogue

37. MP3

金　部長、お体の具合はいかがですか。

加藤　ああ、おかげでだいぶよくなったよ。ありがとう。

金　お元気そうで安心しました。部長が担当なさっていたプロジェクトは、朴次長が引き継ぐことになりました。

加藤　そうか。みんなに迷惑をかけてしまったね。早く復帰しないと。

金　今はとりあえずゆっくりお休みになるのが一番です。会社の動きについては、こちらに伺ってお伝えしますので。

加藤　悪いね。金さんも無理しないで、休める時はしっかり休みなさい。

金　はい、お気遣い、ありがとうございます。

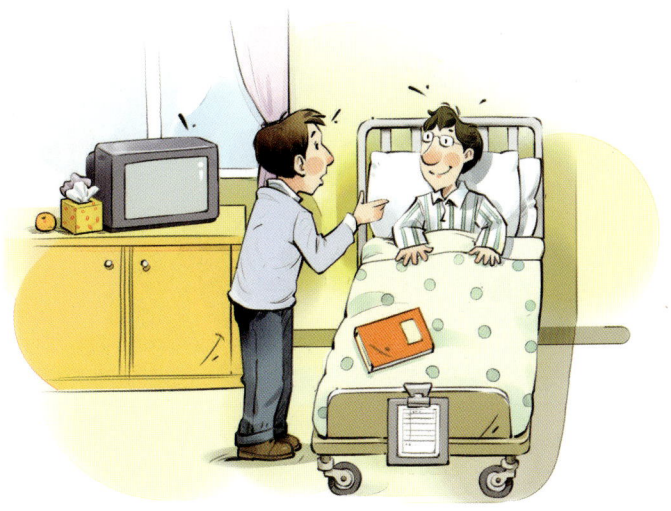

어휘

具合(ぐあい) (건강) 상태　プロジェクト 프로젝트　引(ひ)き継(つ)ぐ 이어받다, 인계받다　とりあえず 일단, 우선　動(うご)き 움직임
伺(うかが)う 찾아뵙다　気遣(きづか)い 심려, 염려, 걱정

Sentence Pattern

1 〜なさる 〜하시다 〈「する」(하다)의 높임말〉

- ライスかパンか、どちらになさいますか。
- お仕事は何をなさっていますか。
- あまり興奮なさると、血圧が上がりますよ。
- お飲み物は何になさいますか。

2 お〜になる 〜하시다 ＊ご〜になる 〈존경표현〉

- いつもどんな本をお読みになるんですか。
- 山下さんのお母さんがお作りになった料理をいただきました。
- A社のスマートフォンをお買いになった方への質問です。
- よろしければ、お掛けになってお待ちください。

※ ご利用になる前に必ず説明書をお読みください。

어휘

ライス 밥　興奮(こうふん) 흥분　血圧(けつあつ) 혈압

13 お見舞い 병문안

3 お〜する ~해 드리다, ~하다 * ご〜する 〈겸양표현〉

- かばんをお持ちします。
- それでは明日、お待ちしております。
- 皆様に迷子についてお知らせします。
- ご迷惑をおかけしました。申し訳ございません。

※ タクシーで京都の観光名所をご案内します。

4 〜なさい ~하시오, ~하세요

- もう今日は遅いから帰りなさい。
- 次の質問に記号で答えなさい。
- 明日も早いから、今日はもう寝なさい。
- 2人ともいい加減にしなさい。

어휘

迷子(まいご) 미아　〜とも (다른 명사에 붙어서) 모두　いい加減(かげん)に 적당히

Challenge

1 보기와 같이 문장을 바꿔 보세요.

> 보기
> 社長は毎週ゴルフをしますか → 社長は毎週ゴルフをなさいますか。

① これからどうしますか → _____
② 心配しなくてもいいです → _____
③ 毎日運動してください → _____
④ 夜遅く外出しないほうがいいです → _____

2 보기와 같이 문장을 바꿔 보세요.

> 보기
> お客さんが新聞を読む → お客さんが新聞をお読みになる。

① 平川さんがパソコンを使う → _____
② この本は田中先生が書いた → _____
③ 部長の奥さんが本屋で本を買った → _____
④ 社長はもう帰った → _____

어휘

もう 벌써, 이미

13 お見舞い 병문안

3 보기와 같이 문장을 바꿔 보세요.

> 보기
> お荷物は午後3時までに届けます
> → お荷物は午後3時までにお届けします。

① 渋谷は私が案内します → _____
② 先生を私の家に招きたいのですが → _____
③ お荷物を一つ持ちましょうか → _____
④ お仕事を少し手伝いましょう → _____

4 (　　) 안의 말을 「～なさい」 문형을 이용해 바꿔 보세요.

① 早くご飯を(食べる)
→ _____

② 自分のことは自分で(する)
→ _____

③ 寒いからコートを着て(行く)
→ _____

④ 余計なこと言わないで(黙っている)
→ _____

어휘
招(まね)く 초대하다　余計(よけい) 쓸데없음

Talk & Talk

38. MP3

1 〜なさる ~하시다 〈「する」(하다)의 높임말〉

A: ①ホテルは②予約なさいましたか。
B: はい、③インターネットで②予約しました。

1 ①お父さん　　②定年退職　　③去年
2 ①ワイン　　　②購入　　　　③フランス産を

2 お〜になる ~하시다 ＊ご〜になる 〈존경표현〉

A: ①コーヒー、お②飲みになりますか。
B: ③お願いします。

1 ①何時頃　　　②戻る　　　　③午後3時頃です
2 ①こちらに　　②掛ける　　　③どうもありがとう

3 お〜する ~해 드리다, ~하다 ＊ご〜する 〈겸양표현〉

A: ①会議の資料、②作っていただけませんか。
B: ③今すぐ、お②作りします。

1 ①商品　　　　②届ける　　　③明日までに
2 ①仕事　　　　②手伝う　　　③後で

4 〜なさい ~하시오, ~하세요

A: ①食事の前に、②手を洗いなさい。
B: はい。

1 ①家を出る　　②部屋の電気を消す
2 ①寝る　　　　②ちゃんと歯を磨く

Listening & Reading

39. MP3

友人や同僚など、親しい人が入院した場合、病院にお見舞いに行くことがありますが、この時、普通は果物やお菓子を持って行きます。ただし、病気によっては甘いものが食べられないこともあるので、(①   )調べておく必要があるでしょう。花を持って行く場合もありますが、この時、鉢植えになっているものは避けなければなりません。(②   )という言葉が(③   )を(④   )からです。

1 内容をよく聞いて(　　)に入る言葉を書きましょう。

①　　　　　②　　　　　③　　　　　④

2 お見舞いの時に持って行ってはいけないものはどれですか。

① 果物　　② お菓子　　③ 鉢植えの花　　④ 現金

3 内容に合っているものはどれですか。

① お見舞い品は相手の病状に合わせて選ぶ。
② 甘い物は誰でも好きだから、お見舞いには最高だ。
③ 鉢植えの花は重いので、お見舞いには使わない。

어휘

鉢植(はちう)え 화분에 심음, 또는 그 초목　避(さ)ける 삼가다

14 結婚式

우리나라의 결혼식은 누구든 참석이 가능하지만, 일본의 결혼식은 인원수대로 모든 것을 준비하기 때문에 초대를 받은 사람만 참석할 수 있습니다. 결혼식장은 신사, 절, 교회, 성당 등 다양한 곳에서 이루어지고 결혼식을 치루고 나서 곧바로 피로연장으로 이동하는데, 우리보다는 피로연의 비중이 큽니다. 축의금(ご祝儀)은 동료나 친구에게는 보통 3~5만 엔 정도, 가까운 친척에게는 5~20만 엔 정도를 냅니다. 예식이나 피로연이 끝난 후 하객들이 돌아갈 때 답례품(引き出物)을 주는 풍습이 있습니다.

학/습/포/인/트

- **~と違って** ~와 달리
- **~わけにもいかない** ~할 수도 없다 *~わけにはいかない
- **~次第** ~하는 대로
- **~てもらえませんか** ~해 줄 수 없습니까, ~해 줄래요 〈의뢰표현〉

감사의 뜻을 담아 나눠 주는 답례품

답례품(引き出物)이란, 결혼식 등의 행사가 끝난 후에 하객들에게 감사의 뜻을 담아 나눠 주는 선물을 말하는데요, 답례품은 결혼 피로연 때 제공되었던 음식의 일부를 피로연 참석자들에게 싸 주었던 것이 변화된 형태라고 합니다. 예전에는 양도 많고 무거운 것을 선호했지만, 요즘은 멀리서 오는 하객을 배려해서 무거운 것은 피한다고 합니다. 한때 기념품에 이름을 새겨 주는 것이 유행한 적도 있었는데, 받는 사람의 입장에서는 실용적이지 못하고 나중에 처치 곤란해질 수도 있다는 점에서 요즘은 선호하지 않습니다. 최근에는 받는 사람이 카탈로그를 보고 자유롭게 고를 수 있는 방식을 선호한다고 합니다.

- 伊藤さんは部長に何の用ですか。
- 日本では友だちの場合、ご祝儀はいくらぐらい出しますか。

Dialogue

40. MP3

伊東　加藤部長、いらっしゃいますか。

李　　いえ、今外出中ですが、何か急用ですか。

伊東　ええ、実は出張と友だちの結婚式が重なってしまったんですよ。
　　　日本の結婚式は韓国と違って、二人の家族や親しい友だちだけを
　　　招待するわけだから、行かないわけにもいかないし。

李　　それなら、仕方ないですね。

伊東　部長が戻り次第、伝えてもらえませんか。

李　　ええ、いいですよ。ところで、日本ではご祝儀はいくらぐらい
　　　出せばいいんですか。

伊東　関係によって違いますけど、友だちなら
　　　普通３万円ぐらいでしょうね。

李　　えっ、そんなに。
　　　韓国とは確かに違いますね。

어휘

用(よう) 일, 용건　祝儀(しゅうぎ) 축의금　急用(きゅうよう) 급한 용무　重(かさ)なる 겹치다　仕方(しかた)ない 어쩔 수 없다

Sentence Pattern

1 ～と違って ～와 달리

- 気丈な姉と違って、妹は気弱だ。
- この部署は他の部署と違って、出勤時間には融通が利く。
- 実験結果は私の考えと違って、極めて低い数値を記録した。
- 頭で考えるのと違って、実際やってみるのは難しいものです。

2 ～わけにもいかない ～할 수도 없다 ＊～わけにはいかない

- うまくいかないかも知れないけど、ここまで来たら止めるわけにもいかない。
- みんな忙しそうなので、手伝ってもらうわけにもいきません。
- お世話になった上司の頼みだから、断るわけにもいかない。
- 家族がいるので、すべてを放り出すわけにもいかない。

※ 試験が近づいているので、勉強しないわけにはいかない。

어휘

気丈(きじょう) 다부짐　気弱(きよわ) 심약함　融通(ゆうずう)が利(き)く 융통성이 있다　極(きわ)めて 극히, 매우
放(ほう)り出(だ)す 내던지다, 내팽개치다

14 結婚式 결혼식

3　～次第　～하는 대로

- 向こうに着き次第、ご連絡します。
- 資料の準備が整い次第、メールでお送りします。
- 雨が止み次第、出発しましょう。
- 事故の詳しい原因が分かり次第、お知らせいたします。

4　～てもらえませんか　～해 줄 수 없습니까, ～해 줄래요 〈의뢰표현〉

- ちょっとボールペンを貸してもらえませんか。
- すみませんが、窓を閉めてもらえませんか。
- もし、よろしかったら、電話番号を教えてもらえませんか。
- もう少し静かにしてもらえませんか。

어휘

整(ととの)う 갖추어지다　止(や)む 그치다, 멎다

Challenge

1 보기와 같이 문장을 바꿔 보세요.

> 보기
> 日本にはないが、韓国には兵役がある → 日本と違って韓国には兵役がある。

① 昨日はそうではなかったが、今日はいい天気だ
→ _____

② 普通の人はそうではないが、山田さんはちょっと変わっている
→ _____

③ 以前はそうではなかったが、今は会社の待遇がよくなった
→ _____

④ 韓国ではそうではないが、日本では新学期が4月からだ
→ _____

2 보기와 같이 문장을 완성해 보세요.

> 보기
> 友だちが困っている / 知らんぷりをする
> → 友だちが困っているので、知らんぷりをするわけにもいかない。

① 家のローンがある / 今すぐ会社を辞める → _____

② やっと合格した / 今さら進学を諦める → _____

③ 明日試験がある / ずっとテレビを見ている → _____

④ お金を借りた / 返さない → _____

어휘

兵役(へいえき) 병역　変(か)わる (보통과) 색다르다, 별나다

14 結婚式 결혼식

3 보기와 같이 문장을 바꿔 보세요.

> 보기: 山田が戻ったらすぐにご連絡します → 山田が戻り次第、ご連絡します。

① 国へ帰ったらすぐにメールします
→ _____

② 会議が終わったらすぐに資料をまとめます
→ _____

③ 現場に着いたらすぐに報告します
→ _____

④ 確認したらすぐに申請料を振り込みます
→ _____

4 보기와 같이 문장을 완성해 보세요.

> 보기: 席 / 換える → すみませんが、席を換えてもらえませんか。

① もう一度 / 考える → _____

② 私の代わりに荷物 / 届ける → _____

③ 締め切りの期限 / 延ばす → _____

④ ケータイ / 貸す → _____

어휘

まとめる 정리하다

Talk & Talk

41. MP3

1 ～と違って ～와 달리

A: ①日本の運転席は②韓国と違って、③右側です。

B: へえ、そうですか。

1 ① 佐藤さんの顔　② 写真　③ 目が小さい
2 ① 野菜のコーナー　② 広告　③ 3割引きじゃない

2 ～わけにもいかない ～할 수도 없다 ＊～わけにはいかない

A: ①もう帰るんですか。

B: ②試験があるから、③遊んでいるわけにもいかないんです。

1 ① 徹夜する　② 大事な会議がある　③ 帰る
2 ① 挑戦する　② みんなが期待している　③ 止める

3 ～次第 ～하는 대로

A: ①日本に着き次第、②お電話します。

B: はい、分かりました。

1 ① 荷物が届く　② 知らせる
2 ① 書類を見つける　② 持つ

4 ～てもらえませんか ～해 줄 수 없습니까, ～해 줄래요 〈의뢰표현〉

A: ①お好み焼きは、どんな②食べ物か分かりますか。

B: いいえ、③説明してもらえませんか。

1 ① このマーク　② 意味　③ 教える
2 ① 日本語の書類　② 内容　③ 翻訳する

Listening & Reading

42. MP3

日本の結婚式は一般的に(①　　)だけで行われ、その後、友人や(②　　)を招待して披露宴を行います。披露宴に参加する人はあらかじめ招待を受けて、出席するという意思表示をした人だけなので、(③　　)になっているのが普通です。そして食事をしながら披露宴を楽しみます。(④　　)としては男性は黒の礼服に白かシルバーのネクタイ、女性はあまり派手でない、よそ行きの服を着ればいいでしょう。

1 内容をよく聞いて(　　)に入る言葉を書きましょう。

①　　　　　②　　　　　③　　　　　④

2 日本の結婚式で招待された女性が主に着用するものはどれですか。

① 黒の礼服　　　　　　　② 白のネクタイ

③ シルバーのネクタイ　　④ よそ行きの服

3 内容に合っているものはどれですか。

① 日本の結婚式では招待されていない人もよくご飯を食べに来る。
② 日本の披露宴ではどこに座ってもかまわない。
③ 日本では食事をしながら披露宴を楽しむのが普通だ。

어휘

割(わり) 할 *10분의 1을 표시하는 단위　～引(び)き ～할인　あらかじ(予)め 미리, 사전에　シルバー 은색　よそ行(ゆ)き 나들이, 외출

부 록

1. 본문 회화 해석 & Challenge 정답 ・122
2. Talk&Talk 스크립트, Listening&Reading 정답 ・130
3. 단어 색인 ・139

❶ 본문 회화 해석 & Challenge 정답

01 秋夕とお盆

본문 회화 해석 ▶ p.9

김 : 이제 곧 추석인데 마쓰모토 씨도 일본에 돌아가요?
마쓰모토 : 네, 올해는 오랜만에 귀성할 예정이에요.
김 : 마쓰모토 씨의 고향, 아키타였던가요?
마쓰모토 : 네, 김 씨는 아키타에 대해서 알아요?
김 : 네, 어느 드라마의 촬영지로 유명해졌으니까요.
마쓰모토 : 아, 그래요?
김 : 그런데 일본에도 추석 같은 경축일이 있나요?
마쓰모토 : 네, 오본이라고 해서 보통 8월 13일부터 16일경까지를 말해요.
김 : 일본 사람도 오본에 고향에 돌아가서 성묘라든지 하나요?
마쓰모토 : 네, 하지만 요즘은 여행을 가는 사람도 많아졌죠. 그래서 오본 중에는 온 일본의 도로가 (서로) 붐비죠.

Challenge 정답 ▶ p.12

1 ① 山田さんの実家はどこでしたっけ。
② あの眼鏡をかけた人は誰でしたっけ。
③ 次の試合は大阪でしたっけ。
④ 鈴木さんの娘さんは高校生でしたっけ。

2 ① ゴールデンウィークと言って4月29日から5月5日までの期間です。
② 浴衣と言って夏に着る着物です。
③ お節料理と言ってお正月に食べる料理です。
④ 初詣と言って神社で1年間の無病息災を祈ります。

3 ① この音楽で日本中が元気になってほしい。
② 梅雨に入って一日中雨が降っている。
③ 1年中クリスマスならいい。
④ 学校中のトイレを掃除した。

4 ① 困った時に家族で助け合う。
② 勝利の喜びに選手たちが抱き合う。
③ 敬語の問題についてみんなで話し合う。
④ いろいろな動物と触れ合う。

02 お風呂

본문 회화 해석 ▶ p.17

이 : 일본 사람은 목욕하는 거, 정말 좋아하는 것 같네요.
이토 : 네, 목욕물에 몸을 담그면 하루의 피로가 풀리거든요. 목욕하고 나오면 상쾌한 기분으로 바로 잘 수 있고요.
이 : 그렇군요. 그런데 만약 가족이 모두 목욕할 경우 목욕하고 나올 때마다 목욕물을 버리나요?
이토 : 아니요. 가족이 모두 함께 같은 목욕물을 쓰거든요. 한국 사람의 입장에서 보면 조금 거부감이 있을지도 모르겠지만요.
이 : 뭐, 하지만 외국에 가면 그 나라의 문화에 익숙해져야 하니까요.
이토 : 그렇죠. '그 고장에 가면 그 고장법을 따르라'라고 하니까요.

Challenge 정답 ▶ p.20

1 ① 試合に出るたびに負けてしまいます。
② お酒を飲むたびに頭が痛くなります。
③ 本屋に行くたびに日本の雑誌を買って来ます。
④ 漢字を書くたびに間違えてしまいます。

2 ① 今の病状からすれば、入院するしかない。
② 彼女の性格からすれば、今の職場でも長続きはしないだろう。
③ 彼の成績からすれば、就職は難しいだろう。
④ 彼女のパフォーマンスからすれば、優勝したに違いない。

3 ① 仕事がないから生活に困っているわけですね。
② 痩せたいから毎日運動しているわけですね。
③ 海外旅行に行きたいからお金を貯めているわけですね。
④ お腹が痛いから薬を飲んでいるわけですね。

4 ① 言いたいことをはっきり言え。
② 授業に遅れないように早く起きろ。
③ 好きな歌を歌え。
④ 冷めないうちに食べろ。

03 お土産

본문 회화 해석 ▶ p.25

마쓰모토 : 이거 별거 아닌데요. 어머니로부터의 떡이에요. 드세요.
김 : 아, 고마워요. 고향에 다녀올 때마다 미안하네요.
마쓰모토 : 아니요, 늘 김 씨에게는 신세를 지고 있으니까요.
김 : 그런데 '기리탄포'라는 게 뭐예요?
마쓰모토 : 기리탄포는 아키타의 특산품으로 밥을 으깨서 꼬치에 꽂아서 구운 거예요.
사전에 의하면 보존식으로서 만들어진 구운 주먹밥의 변형인 듯해요.
김 : 기리탄포는 어떻게 먹는 거예요?
마쓰모토 : 그대로 먹기도 하고 닭고기나 채소를 넣어서 기리탄포 냄비 요리를 만들기도 하죠.
김 : 마쓰모토 씨 덕분에 일본의 다양한 음식을 맛볼 수 있네요.

Challenge 정답 ▶ p.28

1 ① 先生からのお手紙です。
② 山田さんからのメールです。
③ 社長からのお言葉です。
④ 鈴木さんからのプレゼントです。

2 ① 友だちの話によると、この近くに新しい駅ができるそうです。
② テレビのニュースによると、関東地方でまた地震が起きたそうです。
③ アンケート調査によると、年々失業者が増えているそうです。
④ 新聞記事によると、来月から電車料金が上がるそうです。

3 ① 管理者として責任が重いです。
② 親として黙っているわけにはいきません。
③ 営業社員として車の販売を担当しています。
④ 教師として生徒たちを教えています。

4 ① 山田さんが推薦書を書いてくれたおかげで、就職できました。
② みんなが心配してくれたおかげで、健康が回復しました。
③ 奨学金をもらったおかげで、大学を無事卒業できました。
④ 近くにデパートができたおかげで、生活がもっと便利になりました。

04 住宅事情

본문 회화 해석 ▶ p.33

김 : 마쓰모토 씨, 이사한 집은 어때요?
마쓰모토 : 새 아파트라서 아주 깨끗해요.
그런데 서울도 도쿄와 마찬가지로 내 집을 갖는 건 어렵죠?
김 : 그렇죠. 일본에서는 보통 어떻게 하면 집을 살 수 있어요?
마쓰모토 : 주택융자로 집을 사서 20년에서 30년에 걸쳐서 빌린 돈을 갚아 나가는 거죠.
김 : 허, 힘들겠네요. 저도 결혼하기 전까지는 아파트를 사려고 생각하고 있는데요.
마쓰모토 : 그래요? 저는 아파트보다 단독주택을 갖고 싶은데요.
김 : 단독주택은 서민에게 있어서는 꿈같은 이야기죠.

Challenge 정답 ▶ p.36

1 ① 中国語も英語と同じように難しいです。
② 日本もイギリスと同じように物価が高いです。
③ 山田さんも鈴木さんと同じようにタバコを吸っています。
④ 母も父と同じように毎日7時に家を出ます。

2 ① だんだんパソコンのメモリーが減っていきます。
② 会社の仕組みを変えていきます。
③ 田舎から若い人が次々と離れていきます。
④ 人々の考え方が変わっていきます。

3 ① 今週の金曜日までに授業料を振り込んでください。
② 今月の12日までに召し上がってください。
③ 来週の水曜日までにお越しください。

④ 来月の10日までに原稿をお願いします。
4 ① 小学生にとってこの問題は難しい。
② 韓国人にとって日本の食べ物は少し甘い。
③ 高齢者にとってパソコン操作は大変だ。
④ 新入社員にとってこれは責任の重い仕事だ。

05 金券ショップ

본문 회화 해석 ▶ p.41

김 : 이번 방학에 일본에 놀러 가기로 했어요.
이토 : 그래요? 어디로 가려고 생각하고 있어요?
김 : 지금 알아보고 있는 중인데요, 히메지와 가마쿠라에 가고 싶어요.
이토 : 그럼, 신칸센을 타고 이동하는 거예요?
김 : 네. 싸게 끝내고 싶다고는 하더라도 이 나이로는 야간 버스는 지쳐서.
이토 : 한 번만 신칸센을 탈 거면 금권숍(할인 티켓점)에서 신칸센 표를 사면 돼요.
김 : 금권숍(할인 티켓점)이 뭐예요?
이토 : 다양한 티켓을 정가보다 싸게 팔고 있는 가게예요. 신칸센 표뿐만이 아니라 비행기 표도 있어요.

Challenge 정답 ▶ p.44

1 ① 来週からテストなので、今週はテレビを見ないことにした。
② 赤ちゃんが生まれたので、明日からタバコを吸わないことにした。
③ 最近、少し太ってきたので、今日からダイエットを始めることにした。
④ 就職が決まったので、毎朝早く起きることにした。
2 ① 妹は歯を磨いているところです。
② 姉は引き出しの中を片付けているところです。
③ 母は台所の掃除をしているところです。
④ 明日引っ越しなので荷造りをしているところです。
3 ① 金さんは大学で英語を専攻したとは言っても、ほとんど話せません。
② 田中さんは社長だとは言っても、従業員が2人しかいません。
③ 私の住んでいる町は古いとは言っても、伝統があります。
④ この店は有名なシェフが経営しているとは言っても、値段が高すぎます。
4 ① テニスだけでなく、ゴルフもします。
② 肉だけでなく、野菜も食べます。
③ アルバイトだけでなく、ボランティア活動もします。
④ ドキュメンタリーだけでなく、ニュースも見ます。

06 通勤手段

본문 회화 해석 ▶ p.49

이토 : 김 씨는 뭘로 통근하고 있어요?
김 : 자전거요. 한 달 전부터 자전거로 통근하기 시작했어요.
이토 : 허, 자전거요? 멋있네요.
김 : 요즘 운동부족으로 체력이 떨어져서 운동을 겸해서 자전거를 타고 있어요.
이토 : 그래요? 사이클링은 건강에 정말 좋겠죠? 다이어트도 되고.
김 : 네, 건강에 좋을 뿐만 아니라 교통비 절약도 되니까요.
이토 : 하지만 한국 도로는 자전거로 통근하기에는 조금 위험하지 않아요?
김 : 네, 확실히. 안심하고 자전거를 탈 수 있도록 도로를 정비해 주었으면 해요.

Challenge 정답 ▶ p.52

1 ① 今日から生け花教室に通い始めます。
② 朝8時から引っ越しの準備をし始めます。
③ アメリカ旅行をきっかけに英語の小説を読み始めました。
④ 2年前から日本料理の作り方を習い始めました。
2 ① 語学研修がてらボランティア活動に参加します。
② 旅行がてら友だちに会います。
③ 散歩がてら本屋に寄って来ます。
④ 運動がてら毎日駅まで歩いて行きます。

3 ① 日本語に慣れるには日本に行くのが一番です。
② そのレストランに行くにはまず予約ができるか確認したほうがいいです。
③ 安い切符を買うにはどこの旅行社がいいですか。
④ 鈴木社長に会うには事前に連絡を入れなければなりません。

4 ① 私の代わりに行ってもらいたいです。
② 日付を変えてもらいたいです。
③ 私の気持ちを分かってもらいたいです。
④ 考え直してもらいたいです。

07 オンドル

본문 회화 해석 ▶ p.57

이토 : 11월에 접어들어서 꽤 가을이 깊어졌네요.
이 : 네, 아침저녁은 쌀쌀한 날도 많아졌죠.
이토 : 저는 벌써 코트가 없으면 추워서 힘들어요.
이 : 이토 씨는 추위에 약한가요?
이토 : 네, 추위를 많이 타서 겨울은 질색이에요. 이 씨는 끄떡없어요?
이 : 네, 작년에 비하면 그렇게 춥지는 않은 것 같은데요.
이토 : 서울의 겨울은 꽤 춥다고 들어서 걱정이네요.
이 : 괜찮아요. 한국에는 온돌이라는 것이 있으니까요.
이토 : 아, 온돌요? 들은 적 있어요.
이 : 온돌 방은 바닥이 따뜻해서 몸이 따끈따끈 따뜻해져요.

Challenge 정답 ▶ p.60

1 ① お酒に弱いです。
② 女性の涙に弱いです。
③ 本番に弱いです。
④ 年を取った人はＩＴ機器に弱いです。

2 ① 妹は恥ずかしがりです。
② 木村さんは寂しがりです。
③ 彼女は怖がりです。
④ めぐみさんは寒がりです。

3 ① 東京に比べるとソウルのほうが寒い。
② 新幹線に比べると飛行機のほうがずっと速い。

③ 女性に比べると男性のほうが平均寿命が短い。
④ 池田さんに比べると山本さんのほうが成績がいい。

4 ① 動物をうまく(教え込む)には好きな食べ物を利用するのが効果的だ。
② 古いアルバムを誰も分からないところに(しまい込みました)。
③ 彼はこれからの進路のことについて(考え込みます)。
④ 彼の言った冗談をすっかり本当の事だと(思い込んでいます)。

08 ウィンタースポーツ

본문 회화 해석 ▶ p.65

김 : 이제 곧 스키시즌이네요.
     이토 씨, 나가노 출신이었죠? 그럼, 스키 같은 거 잘 타겠네요.
이토 : 네, 실은 지난주 첫눈이 내린 날, 스키 타러 갔다 왔어요.
김 : 허, 빠르네요. 한국 스키장은 어땠어요?
이토 : 인공눈이라서 일본과는 다르지만 꽤 즐거웠어요.
김 : 나가노는 눈이 많이 내리죠?
     나도 한 번 자연의 눈에서 타고 싶다.
이토 : 그럼, 모두 함께 음력설에 갈까요?
     나가노는 스키장과 함께 온천도 유명하거든요.
김 : 네? 정말요? 가고 싶다.

Challenge 정답 ▶ p.68

1 ① 昨日の試験は簡単でしたよね。
② 法律事務所はこのビルの3階でしたよね。
③ 私たちが初めて会った日は雨でしたよね。
④ 先生のお誕生日は3月10日でしたよね。

2 ① お土産にクッキーなんかを買って行こうかな。
② 急にパスタなんかが食べたくなった。
③ 風邪なんかで病院には行かないよ。
④ 駅の近くに100円ショップなんかはありませんか。

3 ① 今年は11月に初雪が降った。

② この映画は今日初公開された。
③ 入社して今日初出勤した。
④ あの選手はオールスター戦に初出場した。

4 ① 失恋とともに成長する。
② 国が発展するとともに生活が豊かになる。
③ 時が経つとともに辛いことも忘れていく。
④ 大人になるとともに責任も重くなる。

09 韓国生活

본문 회화 해석 ▶ p.73

김 : 마쓰모토 씨는 한국에 온 지 몇 년이 되나요?
마쓰모토 : 한국에 온 지요? 벌써 5년이 되네요.
김 : 그래요? 그럼, 이제 한국 생활에도 익숙해졌죠?
마쓰모토 : 글쎄요. 지금은 어느 정도 익숙해진 것 같은 느낌이 드네요.
하지만 처음에는 모르는 거 투성이라서 실수한 적도 다 셀 수 없어요.
김 : 허, 그랬어요? 지금은 완전히 한국에 융화된 것 같아요. 겉보기도 한국인 같고.
마쓰모토 : 하지만 전혀 한국인 여자 친구는 생기지 않지만요.
김 : 이상하네.
마쓰모토 씨 같은 타입은 (당연히) 인기가 있을 텐데요.

Challenge 정답 ▶ p.76

1 ① 田中君の答案用紙は間違いだらけだ。
② 叔父は金遣いが荒くて借金だらけだ。
③ この世の中は矛盾だらけだ。
④ 体中、傷だらけだ。

2 ① クリスマスイブを待ちきれない。
② この気持ちは言葉では伝えきれない。
③ 絶対に間違いはないと言い切れない。
④ 荷物が持ちきれないほど多い。

3 ① 彼女はいつも子供っぽい服装をしている。
② 高橋さんは飽きっぽい性格です。
③ 田中さんは忘れっぽいので困ります。
④ このバッグは安っぽい。

4 ① 春になれば、雪が解けるはずだ。
② 人の痛みを感じれば、優しくなれるはずだ。
③ 無断欠席をすれば、先生から連絡が来るはずだ。
④ 集中力を高めれば、勉強の効果が上がるはずだ。

10 受験

본문 회화 해석 ▶ p.81

이토 : 한국 중고생은 입시 스트레스 때문에 힘들죠. 매일 학원에 (억지로) 가야 해서 놀 시간도 없잖아요?
김 : 네, 그렇죠. 일본은 다른가요?
이토 : 일본도 유치원부터 시험을 보는 사람도 있으니까 힘들지 않다는 것은 아니지만 한국 정도는 아니라고 생각해요.
김 : 그러고 보니 나도 매일 공부 때문에 놀 틈이 없었네.
이토 : 일본 학생들은 방과 후에 운동 등 클럽 활동을 하고 있어요. 학원에 다니고 있는 것은 아주 일부에 불과하거든요.
김 : 그럼, 한국처럼 일부러 돈을 내고 운동을 시키지 않아도 되겠네요. 부럽다.

Challenge 정답 ▶ p.84

1 ① 返事をしたからと言って、すべて納得したというわけではない。
② 釣り堀に行ったからと言って、釣れるというわけではない。
③ 彼氏がいないからと言って、男性が嫌いだというわけではない。
④ 仕事が速いからと言って、いいというわけではない。

2 ① 二人が結婚したというのはただの噂にすぎない。
② 私は入社したばかりのただの平社員にすぎない。
③ あのような行為はただの自己満足にすぎない。
④ 今回発覚した汚職事件は氷山の一角にすぎない。

3 ① 迎えに来なくてもいいと言ったのにわざわざ空港まで迎えに来た。
② 聞きたくなかったのにわざわざ友だちの結婚話を知らせに来た。

③ わざわざ2時間もかけて行ったのに店は休みだった。
④ わざわざ料理を作ったのに誰も食べなかった。

4 ① 先輩が仕事を手伝ってくれたから、残業をしないで済んだ。
② 今日は主人がいないから、晩ご飯を作らないで済んだ。
③ 怪我が軽かったから、手術をしないで済んだ。
④ エコバッグをおまけでもらったから、買わないで済んだ。

11 就職難

본문 회화 해석 ▶ p.89

마쓰모토 : 일본도 한국도 취업난이 큰 문제네요.
김 : 네, 특히 2, 30대 청년실업자가 심각하네요.
마쓰모토 : 대학을 졸업해도 취직 못 하고 프리터족 생활을 하는 젊은이들도 많으니까요.
김 : 저도 한때 프리터족이었는데 수입이 안정되지 않아서 괴로웠어요. 가족의 시선이 얼마나 따가웠는지.
마쓰모토 : 허, 그런 시기도 있었어요?
김 : 네, 필사적으로 취업활동을 한 끝에 겨우 이 회사에 취직할 수 있었어요.
그래서 이 회사에 대한 애사정신은 남달라요.
마쓰모토 : 과연. 하지만 그런 것에 비해서는 술을 마신 다음 날 자주 지각하네요.

Challenge 정답 ▶ p.92

1 ① 父親にとって、家族の存在はどれほど大切なことか。
② 子供には母親の愛情がどれほど必要なことか。
③ 入社試験に受かってどれほどうれしかったことか。
④ 彼との再会をどれほど待ったことか。

2 ① 口論の末、殴り合いになった。
② 苦労の末、上司に認められた。
③ 必死の努力の末、新製品を開発した。
④ 1年間の追跡の末、連続殺人事件の犯人を捕まえた。

3 ① 最近風邪に対する抵抗力を高めています。
② 先生に対する言葉遣いも成績に評価されています。
③ 吉田さんは仕事に対する姿勢が問題になっています。
④ 地震被害に対する支援をお願いします。

4 ① 新しい機械を導入したわりには能率が上がらない。
② 値段が高いわりにはおいしくなかった。
③ ちゃんと勉強したわりには点数が高くなかった。
④ 高本さんは新入社員のわりには仕事が速い。

12 着物

본문 회화 해석 ▶ p.97

이 : 오늘 아침 신문에 일본 성인식 사진이 실려 있었어요.
이토 : 아ー, 예쁜 후리소데를 입은 여성이 나와 있었죠.
이 : 네? 기모노를 후리소데라고도 해요?
이토 : 네, 소매 부분이 길어서 흔들 수 있게 되어 있어서 미혼 여성이 입는 기모노예요.
이 : 허, 그럼, 결혼한 여성은 후리소데를 입으면 안 되는 거예요?
이토 : 네, 결혼한 여성은 소매가 짧은 도메소데를 입거든요.
이 : 그래요? 가격은 얼마 정도예요?
이토 : 최상급에서 최하급까지 있는데 아무리 싸도 세트로 3, 40만 엔은 해요.
이 : 네에? 그렇게 비쌀 줄은 몰랐네.

Challenge 정답 ▶ p.100

1 ① 高校生の私には、これは人生最大の悩みとも言える。
② 着物は日本の女性にとって、ファッションの基本だとも言える。
③ うちの家族にとって、この犬はペット以上の存在なのだとも言える。
④ このアルバムは今までの活動の集大成であるとも言える。

2 ① 彼にいくら電話してもつながらない。
② 彼はいくらたくさん食べても太らない。

③ いくら運動しても痩せない。
　④ いくら勉強しても点数が上がらない。

3 ① このコートは、どの店でも3万円以上します。
　② あの時計は、免税店で10万円ぐらいします。
　③ この辺のマンションは、一ヶ月15万円ぐらいします。
　④ どの店でも、車は一日4,000円以上します。

4 ① こんな都会の中に広い公園があるとは思わなかった。
　② 急に雨が降るとは思わなかった。
　③ 彼が今度の試合に勝てないとは思わなかった。
　④ 今日が休みの日だとは思わなかった。

13　お見舞い

본문 회화 해석 ▶ p.105

김　：부장님, 몸 상태는 어떠세요?
가토：아ー, 덕분에 많이 좋아졌어. 고마워.
김　：건강하신 것 같아서 안심했습니다. 부장님이 담당하셨던 프로젝트는 박 차장이 이어받게 되었습니다.
가토：그래? 모두에게 폐를 끼쳐 버렸네. 빨리 복귀해야지.
김　：지금은 일단 푹 쉬시는 게 제일입니다. 회사 움직임에 대해서는 이쪽으로 찾아뵙고 전해 드리겠으니.
가토：미안하군. 김 씨도 무리하지 말고 쉴 수 있을 때는 확실히 쉬게.
김　：예, 염려해 주셔서 감사합니다.

Challenge 정답 ▶ p.108

1 ① これからどうなさいますか。
　② 心配なさらなくてもいいです。
　③ 毎日運動なさってください。
　④ 夜遅く外出なさらないほうがいいです。

2 ① 平川さんがパソコンをお使いになる。
　② この本は田中先生がお書きになった。
　③ 部長の奥さんが本屋で本をお買いになった。
　④ 社長はもうお帰りになった。

3 ① 渋谷は私がご案内します。
　② 先生を私の家にお招きしたいのですが。
　③ お荷物を一つお持ちしましょうか。
　④ お仕事を少しお手伝いしましょう。

4 ① 早くご飯を食べなさい。
　② 自分のことは自分でしなさい。
　③ 寒いからコートを着て行きなさい。
　④ 余計なことを言わないで黙っていなさい。

14　結婚式

본문 회화 해석 ▶ p.113

이토：가토 부장님 계세요?
이　：아뇨, 지금 외출 중인데 뭔가 급한 일인가요?
이토：네, 실은 출장과 친구 결혼식이 겹쳐 버렸거든요. 일본 결혼식은 한국과 달리 두 사람의 가족이나 친한 친구만 초대하는 거라서 가지 않을 수도 없고.
이　：그렇다면 어쩔 수 없네요.
이토：부장님이 돌아오시는 대로 전해 줄래요?
이　：네, 좋아요. 그런데 일본에서는 축의금은 얼마 정도 내면 돼요?
이토：관계에 따라서 다르지만 친구라면 보통 3만 엔 정도겠죠.
이　：네? 그렇게요?
　　　한국과는 확실히 다르네요.

Challenge 정답 ▶ p.116

1 ① 昨日と違って今日はいい天気だ。
　② 普通の人と違って山田さんはちょっと変わっている。
　③ 以前と違って今は会社の待遇がよくなった。
　④ 韓国と違って日本では新学期が4月からだ。

2 ① 家のローンがあるので、今すぐ会社を辞めるわけにもいかない。
　② やっと合格したので、今さら進学を諦めるわけにもいかない。
　③ 明日試験があるので、ずっとテレビを見ているわけにもいかない。
　④ お金を借りたので、返さないわけにもいかない。

3 ① 国へ帰り次第、メールします。
　② 会議が終わり次第、資料をまとめます。
　③ 現場に着き次第、報告します。

④ 確認し次第、申請料を振り込みます。

4 ① すみませんが、もう一度考えてもらえませんか。
② すみませんが、私の代わりに荷物を届けてもらえませんか。
③ すみませんが、締め切りの期限を延ばしてもらえませんか。
④ すみませんが、ケータイを貸してもらえませんか。

❷ Talk&Talk 스크립트, Listening&Reading 정답

01 秋夕とお盆

Talk&Talk スクリプト ▶ p.14

1 ～っけ
  例 A：先生の名前は何でしたっけ。
  　　B：高野誠司です。
  ① A：今日は何曜日でしたっけ。
  　　B：木曜日です。
  ② A：財布はどこでしたっけ。
  　　B：かばんの中です。

2 ～と言って
  例 A：これはジャージャーメンと言って、子供の大好物です。
  　　B：そうですか。食べてみたいですね。
  ① A：これは着物と言って、日本の伝統衣装です。
  　　B：そうですか。着てみたいですね。
  ② A：これはカイロと言って、寒い日に便利な物です。
  　　B：そうですか。使ってみたいですね。

3 ～中
  例 A：筋肉痛で体中が痛いです。
  　　B：へえ、そうですか。
  ① A：ワールドカップで世界中が大騒ぎです。
  　　B：へえ、そうですか。
  ② A：洪水で町中が水浸しです。
  　　B：へえ、そうですか。

4 ～合う
  例 A：困った時は、どうしますか。
  　　B：助け合います。
  ① A：意見が合わなかった時は、どうしますか。
  　　B：話し合います。
  ② A：試合に負けた時は、どうしますか。
  　　B：慰め合います。

Listening&Reading 정답 ▶ p.15

1 ① 供養　　② 現世
　③ 古来　　④ 行事

2 ④

3 ①

02 お風呂

Talk&Talk スクリプト ▶ p.22

1 ～たびに
  例 A：田中さんは出張のたびにお土産を買ってくれます。
  　　B：いや、うらやましいですね。
  ① A：田中さんは会うたびに新しい物真似をしてくれます。
  　　B：いや、おもしろそうですね。
  ② A：田中さんはデートするたびに家まで送ってくれます。
  　　B：いや、やさしいですね。

2 ～からすれば
  例 A：ケータイ、何がいいかな。
  　　B：性能面からすれば、スマートフォンがお勧めだよ。
  ① A：栄養剤、何がいいかな。
  　　B：多様な効果という点からすれば、総合栄養剤がお勧めだよ。

② A：お昼、何がいいかな。
　B：お金と時間の節約という点からすれば、コンビニ弁当がお勧めだよ。

3 ～わけだ
　例 A：これ、傷がついているんです。
　　B：それで、安いわけですね。
　① A：田中さん、休暇なんです。
　　B：それで、見えないわけですね。
　② A：明日、健康診断なんです。
　　B：それで、何も食べないわけですね。

4 命令
　例 A：終電に間に合わないから、早く走れよ。
　　B：あ、分かった。
　① A：みんなに迷惑だから、早く寝ろよ。
　　B：あ、分かった。
　② A：授業に遅れるから、早く起きろよ。
　　B：あ、分かった。

Listening&Reading 정답 ▶ p.23
1 ① 役割　② 入浴
　③ 軍人　④ 習慣
2 ③
3 ②

03　お土産

Talk&Talk 스크립트 ▶ p.30

1 ～からの
　例 A：何を読んでいるんですか。
　　B：取引先からのメールを読んでいるんです。
　① A：何を待っているんですか。
　　B：友だちからの電話を待っているんです。
　② A：何を聞いているんですか。
　　B：彼からのメッセージを聞いているんです。

2 ～によると
　例 A：天気予報によると、明日は晴れるらしいです。
　　B：それはよかったですね。
　① A：課長の話によると、今年のボーナスは上がるらしいです。
　　B：それはよかったですね。
　② A：中村さんの話によると、山田さんは退院したらしいです。
　　B：それはよかったですね。

3 ～として
　例 A：このワンピース、どうですか。
　　B：そうですね。普段着としてはいいですが、晴れ着としてはちょっと…。
　① A：あの人、どうですか。
　　B：そうですね。友だちとしてはいいですが、彼氏としてはちょっと…。
　② A：あの候補、どうですか。
　　B：そうですね。学者としてはいいですが、政治家としてはちょっと…。

4 ～おかげ
　例 A：先生のおかげで、日本語が上手になりました。
　　B：そうですか。よかったですね。
　① A：手伝ってくれたおかげで、傑作が出来上がりました。
　　B：そうですか。よかったですね。
　② A：吉田さんのおかげで、限定品がやっと手に入りました。
　　B：そうですか。よかったですね。

Listening&Reading 정답 ▶ p.31
1 ① 選ばれます　② 印
　③ 名店　④ 品格
2 ③
3 ①

04 住宅事情

Talk&Talk スクリプト ▶ p.38

1 ～と同じように
- 例 A：韓国の夏は、雨が多いですか。
  B：はい、日本と同じように雨が多いです。
- ① A：このドラマは、おもしろいですか。
  B：はい、原作と同じようにおもしろいです。
- ② A：金さんは、歌が上手ですか。
  B：はい、プロの歌手と同じように歌が上手です。

2 ～ていく
- 例 A：言語は、どんどん変わっていきますね。
  B：そうですね。言葉の意味も変わっていきますね。
- ① A：時代は、どんどん変わっていきますね。
  B：そうですね。人の考え方も変わっていきますね。
- ② A：日本語の教え方は、どんどん変わっていきますね。
  B：そうですね。学習者のニーズも変わっていきますね。

3 ～までに
- 例 A：レポートは、いつまでに出さなければなりませんか。
  B：月曜日の5時までに出してください。
- ① A：受験する大学は、いつまでに決めなければなりませんか。
  B：来月の20日までに決めてください。
- ② A：メールの返事は、いつまでに送らなければなりませんか。
  B：明日までに送ってください。

4 ～にとって
- 例 A：中村さんにとって、オペラとは何ですか。
  B：私にとって、オペラは人生であり、大切な恋人です。
- ① A：中村さんにとって、コンピューターとは何ですか。
  B：私にとって、コンピューターは仕事であり、友だちです。
- ② A：中村さんにとって、結婚とは何ですか。
  B：私にとって、結婚は第二の人生であり、現実です。

Listening&Reading 정답 ▶ p.39

1 ① 一時金　② 金額
　③ 保証金　④ 注意

2 ②

3 ①

05 金券ショップ

Talk&Talk スクリプト ▶ p.46

1 ～ことにする
- 例 A：卒業後は何をしますか。
  B：日本に留学することにしました。
- ① A：今度の夏休みは何をしますか。
  B：友だちと香港を旅行することにしました。
- ② A：会社を辞めてからは何をしますか。
  B：大学院で勉強することにしました。

2 ～ているところだ
- 例 A：レポートは出しましたか。
  B：いいえ、今、書いているところです。
- ① A：落し物は見つかりましたか。
  B：いいえ、今、探しているところです。
- ② A：借りた本は返しましたか。
  B：いいえ、今、読んでいるところです。

3 ～とは言っても
- 例 A：体力に自信があるとは言っても、残業を続けるのはよくないです。
  B：はい、気をつけます。
- ① A：運転が上手だとは言っても、制限速度を超えるのは危ないです。

B：はい、気をつけます。
② A：親しい仲だとは言っても、人の欠点を言うのは失礼です。
B：はい、気をつけます。

4 ～だけでなく
例 A：三味線、習いますか。
B：三味線だけでなく、踊りも習いたいです。
① A：生ビール、飲みますか。
B：生ビールだけでなく、マッコリも飲みたいです。
② A：パソコン、買いますか。
B：パソコンだけでなく、プリンターも買いたいです。

Listening&Reading 정답 ▶ p.47
1 ① 一般的　② 文具券
　③ 顧客　　④ 定価
2 ④
3 ③

06　通勤手段

Talk&Talk 스크립트 ▶ p.54

1 ～始める
例 A：ギター、上手ですね。いつから弾き始めましたか。
B：中学生の頃から、弾き始めました。
① A：英語、うまいですね。いつから習い始めましたか。
B：小学3年生から、習い始めました。
② A：桜の花、きれいですね。いつから咲き始めましたか。
B：3月の終わりから、咲き始めました。

2 ～がてら
例 A：散歩がてら、コンビニに行って来ます。
B：はい、いってらっしゃい。
① A：買い物がてら、渋谷に行って来ます。

B：はい、いってらっしゃい。
② A：勉強がてら、図書館に行って来ます。
B：はい、いってらっしゃい。

3 ～には
例 A：この料理は一人で食べるには量が多いです。
B：じゃ、一緒に食べましょう。
① A：この問題は一人で解くにはかなり難しいです。
B：じゃ、一緒に解きましょう。
② A：この道は一人で行くには少し怖いです。
B：じゃ、一緒に行きましょう。

4 ～てもらいたい
例 A：佐藤君、この本、ちょっと貸してもらいたいんだけど。
B：うん、いいよ。
① A：佐藤君、仕事のことで、ちょっと相談に乗ってもらいたいんだけど。
B：うん、いいよ。
② A：佐藤君、英語のメール、ちょっと翻訳してもらいたいんだけど。
B：うん、いいよ。

Listening&Reading 정답 ▶ p.55
1 ① 環境　② 注目
　③ 手頃　④ 違反
2 ①
3 ②

07　オンドル

Talk&Talk 스크립트 ▶ p.62

1 ～に弱い
例 A：伊藤君は、女性の涙に弱いですね。
B：ええ、純情なんですよ。
① A：前田さんは、朝に弱いですね。
B：ええ、夜型人間なんですよ。
② A：林さんは、お酒に弱いですね。

B：ええ、父親譲りなんですよ。

2 ～がり(屋)

例 A：あの人、いつも厚着をしていますね。
B：ええ、寒がり屋なんです。
① A：あの人、いつもうつむいていますね。
B：ええ、恥ずかしがり屋なんです。
② A：あの人、いつも誰かとお酒を飲んでいますね。
B：ええ、寂しがり屋なんです。

3 ～に比べると

例 A：この辺は、昔に比べると、ずいぶん変わりましたね。
B：ええ、そうですね。
① A：高校生の体格は、10年前に比べると、ずいぶん大きくなりましたね。
B：ええ、そうですね。
② A：出張は、以前に比べると、ずいぶん減りましたね。
B：ええ、そうですね。

4 ～込む

例 A：サムゲタンは、どうやって作りますか。
B：若鶏といろんな材料を煮込んで作ります。
① A：このパンは、どうやって作りますか。
B：パン生地にバターを練り込んで作ります。
② A：かま飯は、どうやって作りますか。
B：米や野菜などを炊き込んで作ります。

Listening&Reading 정답 ▶ p.63
1 ① 実際に　　② 住居
　③ 設置　　　④ 発達
2 ①
3 ②

08　ウィンタースポーツ

Talk&Talk 스크립트 ▶ p.70

1 ～でしたよね

例 A：ここは、学校でしたよね。
B：はい、上野小学校でした。
① A：一昨日は、休日でしたよね。
B：はい、秋分の日でした。
② A：鈴木さんのお父さんは、先生でしたよね。
B：はい、数学の先生でした。

2 ～なんか

例 A：誕生日のプレゼント、何がいいかな。
B：ええと、財布なんかどうですか。
① A：日本料理、何がいいかな。
B：ええと、お好み焼きなんかどうですか。
② A：スポーツ、何がいいかな。
B：ええと、水泳なんかどうですか。

3 初～

例 A：結婚相手は、初恋の人です。
B：本当。珍しいですね。
① A：今回の講演は、初舞台です。
B：本当。楽しみですね。
② A：その話は、初耳です。
B：本当。遅いですね。

4 ～とともに

例 A：あの歌手は新曲とともに、初ツアーをするそうです。
B：へえ、本当ですか。
① A：デパートは年明けとともに、新年特別セールをするそうです。
B：へえ、本当ですか。
② A：ツバキ電子は俳優の木村さんとともに、アメリカ攻略をするそうです。
B：へえ、本当ですか。

Listening&Reading 정답 ▶ p.71
1 ① 雄大な　　② 魅力

③ 盆地　　　④ 開催地

2 ④

3 ③

09 韓国生活

Talk&Talk スクリプト ▶ p.78

1 ～だらけ
  例 A：どうしたんですか。顔が傷だらけだけど。
    B：実はケンカしたんです。
  ① A：どうしたんですか。部屋がゴミだらけだけど。
    B：実は掃除していないんです。
  ② A：どうしたんですか。計算が間違いだらけだけど。
    B：実は検算していないんです。

2 ～きれない
  例 A：足が痺れて走りきれなかったんです。
    B：残念ですね。
  ① A：食欲を抑えきれなかったんです。
    B：しょうがないですね。
  ② A：将来の夢を諦めきれなかったんです。
    B：意志が強いですね。

3 ～っぽい
  例 A：大人なのに、話すことが子供っぽいですね。
    B：最近、そんな人が多いです。
  ① A：男性なのに、仕草が女性っぽいですね。
    B：最近、そんな人が多いです。
  ② A：東洋人なのに、体付きが西洋人っぽいですね。
    B：最近、そんな人が多いです。

4 ～はずだ
  例 A：デパートは今日休みですか。
    B：ええ、火曜日は定休日のはずです。
  ① A：吉本さんは出張中ですか。
    B：ええ、来週帰国するはずです。
  ② A：佐々木さんは外出中ですか。
    B：ええ、3時には戻るはずです。

Listening&Reading 정답 ▶ p.79

1 ① 嫌な　　　② 物理的
  ③ 誤解　　　④ 生じない

2 ①

3 ①

10 受験

Talk&Talk スクリプト ▶ p.86

1 ～というわけではない
  例 A：犬が嫌いですか。
    B：いいえ、特に嫌いだというわけではありません。
  ① A：金さんと仲がいいですか。
    B：いいえ、特にいいというわけではありません。
  ② A：ブランド品が好きですか。
    B：いいえ、特に好きだというわけではありません。

2 ～にすぎない
  例 A：汚職が見つかったんですってね。
    B：ええ、でも氷山の一角にすぎませんよ。
  ① A：お子さん、コンクールに入賞したんですってね。
    B：ええ、でも地域コンクールにすぎませんよ。
  ② A：彼の家、大金持ちなんですってね。
    B：ええ、でも父親の財産にすぎませんよ。

3 わざわざ
  例 A：君に会いたくて、わざわざここに来たんだ。
    B：本当。うれしい。
  ① A：君にあげたくて、わざわざここに来たんだ。
    B：本当。ありがとう。

②　A：君に見せたくて、わざわざここに来たんだ。
　　B：本当。すごい。

4 〜ないで済む

例　A：旅行の時、お金を使わないで済む方法はありますか。
　　B：あります。ヒッチハイクをすることです。
①　A：入会する時、直接申請に行かないで済む方法はありますか。
　　B：あります。インターネットで申請することです。
②　A：ケンカになった時、怒らないで済む方法はありますか。
　　B：あります。大きく深呼吸することです。

Listening&Reading 정답 ▶ p.87

1　① 入試　　　② 採用
　　③ 国公立大学　④ 大多数

2　②

3　③

11　就職難

Talk&Talk スクリプト ▶ p.94

1 どれほど〜ことか

例　A：タバコを吸うことがどれほど健康に悪いことか、分かってますよね。
　　B：はい、これからは止めます。
①　A：人を疑うことがどれほど人を傷付けることか、分かってますよね。
　　B：はい、これからは注意します。
②　A：規則を守ることがどれほど大切なことか、分かってますよね。
　　B：はい、これからは絶対に守ります。

2 〜末(に)

例　A：出勤しないんですか。
　　B：悩みに悩んだ末、会社を辞めることにしました。
①　A：帰国しないんですか。
　　B：迷いに迷った末、今度帰ることにしました。
②　A：試合に出ないんですか。
　　B：いろいろ検討した末、諦めることにしました。

3 〜に対する

例　A：最近、環境問題に対する関心が高まってきました。
　　B：それほど地球が汚れているということですね。
①　A：最近、少子化に対する関心が高まってきました。
　　B：それほど出産率が落ちているということですね。
②　A：最近、高齢化に対する関心が高まってきました。
　　B：それほど寿命が延びているということですね。

4 〜わりには

例　A：このバッグは、値段が高いわりにはよく売れますね。
　　B：そうですね。
①　A：渡辺さんは、年齢のわりには若く見えますね。
　　B：そうですね。
②　A：あの選手は、期待しなかったわりには活躍していますね。
　　B：そうですね。

Listening&Reading 정답 ▶ p.95

1　① 氷河期　② 世代
　　③ 解消　　④ 派遣

2　②

3　②

12 着物

Talk&Talk スクリプト ▶ p.102

1 ～とも
  例 A：この報告書はどうですか。
    B：今のところではまだいいとも悪いとも言えないね。
  ① A：アンケートの結果はどうですか。
    B：今のところではまだ賛成だとも反対だとも言えないね。
  ② A：他の部署の協力はどうですか。
    B：今のところではまだ必要だとも不要だとも言えないね。

2 いくら～ても
  例 A：いくら食べても飽きないのは何ですか。
    B：そうですね。味噌ラーメンかな。
  ① A：いくら高くても買いたいのは何ですか。
    B：そうですね。スマートフォンかな。
  ② A：いくらがんばってもできないのは何ですか。
    B：そうですね。結婚かな。

3 (値段)～する
  例 A：このかばん、30万円もします。
    B：へえ、ブランド品ですか。
  ① A：このワイン、200万ウォンもします。
    B：へえ、ビンテージですか。
  ② A：この茶碗、10万円もします。
    B：へえ、職人の作品ですか。

4 ～とは
  例 A：韓国が優勝するとは予想できなかった。
    B：でも、かなりがんばったでしょう。
  ① A：こんなに売れるとは思わなかった。
    B：でも、かなり宣伝したでしょう。
  ② A：木村君が合格するとは意外だった。
    B：でも、かなり努力したでしょう。

Listening&Reading 정답 ▶ p.103

1 ① 民族　② 衣装
  ③ 披露宴　④ 既婚

2 ④

3 ①

13 お見舞い

Talk&Talk スクリプト ▶ p.110

1 ～なさる
  例 A：ホテルは予約なさいましたか。
    B：はい、インターネットで予約しました。
  ① A：お父さんは定年退職なさいましたか。
    B：はい、去年定年退職しました。
  ② A：ワインは購入なさいましたか。
    B：はい、フランス産を購入しました。

2 お～になる
  例 A：コーヒー、お飲みになりますか。
    B：お願いします。
  ① A：何時頃、お戻りになりますか。
    B：午後3時頃です。
  ② A：こちらにお掛けになりますか。
    B：どうもありがとう。

3 お～する
  例 A：会議の資料、作っていただけませんか。
    B：今すぐ、お作りします。
  ① A：商品、届けていただけませんか。
    B：明日までにお届けします。
  ② A：仕事、手伝っていただけませんか。
    B：後で、お手伝いします。

4 ～なさい
  例 A：食事の前に、手を洗いなさい。
    B：はい。
  ① A：家を出る前に、部屋の電気を消しなさい。
    B：はい。
  ② A：寝る前に、ちゃんと歯を磨きなさい。
    B：はい。

Listening&Reading 정답 ▶ p.111

1 ① 事前に　　② 根付く
　③ 寝付く　　④ 連想させる

2 ③

3 ①

14 結婚式

Talk&Talk 스크립트 ▶ p.118

1 ～と違って
　例 A：日本の運転席は韓国と違って、右側です。
　　B：へえ、そうですか。
　① A：佐藤さんの顔は写真と違って、目が小さいです。
　　B：へえ、そうですか。
　② A：野菜のコーナーは広告と違って、3割引きじゃないです。
　　B：へえ、そうですか。

2 ～わけにもいかない
　例 A：もう帰るんですか。
　　B：試験があるから、遊んでいるわけにもいかないんです。
　① A：徹夜するんですか。
　　B：大事な会議があるから、帰るわけにもいかないんです。
　② A：挑戦するんですか。
　　B：みんなが期待しているから、止めるわけにもいかないんです。

3 ～次第
　例 A：日本に着き次第、お電話します。
　　B：はい、分かりました。
　① A：荷物が届き次第、お知らせします。
　　B：はい、分かりました。
　② A：書類を見つけ次第、お持ちします。
　　B：はい、分かりました。

4 ～てもらえませんか
　例 A：お好み焼きは、どんな食べ物か分かりますか。
　　B：いいえ、説明してもらえませんか。
　① A：このマークは、どんな意味か分かりますか。
　　B：いいえ、教えてもらえませんか。
　② A：日本語の書類は、どんな内容か分かりますか。
　　B：いいえ、翻訳してもらえませんか。

Listening&Reading 정답 ▶ p.119

1 ① 親族　　② 同僚
　③ 指定席　　④ 服装

2 ④

3 ③

❸ 단어 색인

교재에 나온 새로운 단어를 오십음도순으로 정리했습니다.
①은 1그룹 동사, ②는 2그룹 동사, ③은 3그룹 동사입니다.

あ

あいしゃ(愛社)	애사	11과
あいつぐ(相次ぐ①)	잇따르다	3과
IT(アイティー)	IT	7과
あう(遭う①)	당하다, 겪다	3과
あがる(上がる①)	(욕탕에서) 나오다	2과
あがる(上がる①)	(가격 등이) 오르다	3과
あがる(上がる①)	(비용 등이) 들다	5과
あきる(飽きる②)	질리다, 싫증 나다	9과
あげる(上げる②)	(얼마의 비용으로) 끝내다	5과
あげる(挙げる②)	(예 등을) 들다	9과
あさばん(朝晩)	아침저녁	7과
あさめしまえ(朝飯前)	식은 죽 먹기	4과
あじみ(味見)	맛을 봄	3과
あたたまる(温まる①)	따뜻해지다	7과
あつかう(扱う①)	다루다, 취급하다	5과
あつぎ(厚着)	(옷을) 두껍게 껴입음	7과
あのよ(あの世)	저승, 저세상	1과
あらかじめ(予め)	미리, 사전에	14과
アルバム	앨범	12과

い

いいかげんに(いい加減に)	적당히	13과
いいかた(言い方)	말투, 말씨	2과
いいわけ(言い訳)	변명	10과
いけばな(生け花)	꽃꽂이	6과
いちじ(一時)	(과거의) 한때	11과
いっこだて(一戸建て)	단독주택	4과
いのち(命)	생명	4과
いのる(祈る①)	기도하다, 기원하다	1과
いほう(違法)	위법	5과
いる(要る①)	필요하다	6과
インフルエンザ	독감	1과

う

うかがう(伺う①)	찾아뵙다	13과
うかる(受かる①)	(시험에) 붙다, 합격하다	3과
うく(浮く①)	여분이 생기다, 남다	3과
うごき(動き)	움직임	13과
うすい(薄い)	(맛이) 담백하다, 싱겁다	9과
うたごえ(歌声)	노랫소리	1과
うち	동안, 사이	2과
うちきん(内金)	계약금	4과
うつす(移す①)	(행동으로) 옮기다	5과
うつむく	머리[고개]를 숙이다	7과
うらぎり(裏切り)	배신	2과
うるさい	잔소리가 심하다, 시끄럽다, 귀찮다	2과

え

エコバッグ	에코백	10과

お

おおがねもち(大金持ち)	큰 부자	10과
おおさわぎ(大騒ぎ)	큰 소동	1과
おくりぼん(送り盆)	조상을 보내는 날	1과
おこし(お越し)	오심, 가심	4과
おこめけん(お米券)	쌀 상품권	5과
おごる ①	한턱내다	5과
おさえる(抑える②)	(감정을) 억제하다, 참다	9과
おさまる(収まる①)	수습되다	11과
おしえご(教え子)	제자	8과
おしゃべりずき(おしゃべり好き)	잡담을 좋아함	7과

おしょく(汚職) 공직자의 부정·비리 ················· 10과
おせちりょうり(お節料理) 명절 때 먹는 조림요리 ······ 1과
おちる(落ちる②) (힘이나 세력 등이) 떨어지다 ········ 6과
おとしもの(落し物) 분실물 ························· 5과
おとろえる(衰える②) (체력·기세 등이) 쇠약해지다 ···· 8과
おふろにはいる(お風呂に入る) 목욕하다 ············· 2과
おまけ 서비스, 덤 ································ 10과
おんじん(恩人) 은인 ······························· 4과

か

カイロ 손난로 ··································· 1과
かおをだす(顔を出す) 얼굴을 내밀다, (모임 등에) 참석하다
·· 12과
かかる ① (비용 등이) 들다 ························ 5과
かさなる(重なる①) 겹치다 ························ 14과
かざん(火山) 화산 ································ 2과
かしおり(菓子折り) (선물용) 과자 상자 ············· 3과
かたづける(片付ける②) 치우다, 정리하다 ··········· 5과
がっしょう(合唱) 합창 ···························· 1과
がっしり (체격이나 물건의 구조 등이) 튼튼하고 다부진 모양
·· 5과
かねづかいがあらい(金遣いが荒い) 돈의 씀씀이가 헤프다
·· 9과
かねる(兼ねる②) 겸하다 ·························· 6과
かまくら(鎌倉) 가마쿠라(지명) ···················· 5과
かまくら 일본 아키타현에서 음력 1월 15일에 어린이들이 눈으로 집을 짓고, 그 안에서 제단을 차려 놓고 노는 행사. 눈으로 집을 지어 제단을 만드는 일, 또는 그 집 ················· 1과
かまめし(かま飯) 솥밥 ···························· 7과
がまん(我慢) 참음, 견딤 ·························· 6과
かよう(通う①) (학교·직장에) 다니다 ··············· 6과
～から～にかけて ～에서 ～에 걸쳐 ················ 4과
からだつき(体付き) 체격 ·························· 9과
かわり(代わり) 대신, 대리 ························· 6과
かわる(変わる①) (보통과) 색다르다, 별나다 ········ 14과
かんがえかた(考え方) 사고방식 ···················· 4과
かんがえなおす(考え直す①) 다시 생각하다, 재고하다·· 6과

かんこんさい(冠婚祭) 관혼제 ······················ 12과

き

きがする(気がする) 느낌[생각]이 들다 ············· 9과
きじょう(気丈) 다부짐 ···························· 14과
きずがつく(傷がつく) 흠집이 나다 ················· 2과
きずつける(傷付ける) (명예·기분을) 상하게 하다, 손상시키다
·· 11과
ギター 기타 ······································ 6과
きつい 고되다 ··································· 11과
きづかい(気遣い) 심려, 염려, 걱정 ················ 13과
きっかけ 계기 ··································· 6과
キャンセル 캔슬, 취소 ···························· 10과
きゅうしょうがつ(旧正月) 구정, 음력설 ············· 8과
きゅうよう(急用) 급한 용무 ······················· 14과
きゅうれき(旧暦) 음력 ···························· 1과
きょうあく(凶悪) 흉악 ···························· 12과
きょじゅうしゃ(居住者) 거주자 ···················· 4과
きよわ(気弱) 심약함 ······························ 14과
きりたんぽ 일본 아키타현의 특산물로 밥을 지어 반 정도 으깨어 꼬치에 끼워 구운 것 ······························ 3과
きわめて(極めて) 극히, 매우 ······················ 14과
きんねん(近年) 최근 몇 년 ························ 6과

く

ぐあい(具合) (건강) 상태 ························· 13과
クーラー 쿨러, 냉방장치 ·························· 7과
くがく(苦学) 고학 ································ 11과
くし(串) 꼬치 ···································· 3과
ぐずぐず 꾸물꾸물 ································ 2과
くすぐる ① 간지럽히다 ··························· 12과
クッキー 쿠키 ···································· 8과
くやむ(悔やむ①) 후회하다 ························ 9과
くわしい(詳しい) 잘 알고 있다, 정통하다 ··········· 5과

け

ケータイ	휴대폰	2과
けつあつ(血圧)	혈압	13과
けっこんばなし(結婚話)	결혼이야기	10과
けっさく(傑作)	걸작	3과
けってん(欠点)	결점	5과
けんざん(検算)	검산	9과

こ

こいのぼり	종이나 헝겊으로 만든 잉어 모양의 깃발로 5월 5일에 장대에 높이 다는 것	1과
ごういにたっする(合意に達する)	합의에 이르다	1과
こうずい(洪水)	홍수	1과
こうとうむけい(荒唐無稽)	황당무계	2과
ごうにいってはごうにしたがえ(郷に入っては郷に従え)	그 고장에 가면 그 고장 법을 따르라, 로마에 가면 로마법을 따르라	2과
こうふん(興奮)	흥분	13과
こうれいしゃ(高齢者)	고령자	4과
こうろん(口論)	말다툼, 언쟁	11과
こえる(超える②)	(정도를) 넘다	5과
コート	코트	7과
ゴールデンウィーク	황금연휴	1과
ごがくけんしゅう(語学研修)	어학연수	6과
こつ	요령	7과
こづつみ(小包)	소포	3과
ことばづかい(言葉遣い)	말씨, 말투	11과
こむ(込む①)	붐비다	1과
これから	앞으로, 이제부터	4과
これほど	이 정도	12과
コンクール	콩쿠르	10과
こんよく(混浴)	혼욕	2과

さ

～ざ(～座)	～좌	8과
サイクリング	사이클링	6과
さき(先)	먼저	10과
さける(避ける②)	삼가다	13과
さす(刺す①)	찌르다, 꽂다	3과
さとがえり(里帰り)	귀성	3과
サムゲタン	삼계탕	7과
さめる(冷める②)	식다	2과
さめる(覚める②)	(잠 등이) 깨다	6과
さらに	게다가, 더욱더	6과
さんざん	심하게, 몹시	11과

し

シーズン	시즌, 계절	8과
シェフ	셰프, 주방장	5과
～しか	(뒤에 부정의 말을 수반하여) ～밖에	2과
しかたない(仕方ない)	어쩔 수 없다	14과
しかる(叱る①)	꾸짖다, 나무라다	3과
しききん(敷金)	임차 보증금	4과
しぐさ(仕草)	동작, 표정, 태도	9과
しくみ(仕組み)	구조	4과
じさ(時差)	시차	2과
じぜん(事前)	사전	6과
しちがついっぱい(7月いっぱい)	7월 내내	1과
じちたい(自治体)	지자체, 지방 자치 단체	6과
シチュー	스튜	7과
じっか(実家)	본가, 친정	1과
しっかり	(기량・성질・생각 등이) 건실한 모양	11과
じっくり	시간을 들여 꼼꼼하게 하는 모양	7과
しっぱい(失敗)	실패, 실수	9과
しつれん(失恋)	실연	8과
じてんしゃびん(自転車便)	자전거 택배	6과
しにせ(老舗)	대대로 이어 온, 전통・신용이 있는 점포	3과
しびれる(痺れる②)	저리다, 마비되다	9과
しまう	치우다, 간수하다	7과
しまる(閉まる①)	(문 등이) 닫히다	4과
しめきり(締め切り)	마감	4과
ジャケット	재킷	12과
しゃこうぎ(社交着)	예복, 정장	12과

141

しゃっきん(借金) 빚 · 4과
しゃみせん(三味線) 일본 고유의 현악기 · · · · · · · · · · · · · 5과
しゅうかつ(就活) 취업활동 · 11과
しゅうぎ(祝儀) 축의금 · 14과
しゅうでん(終電) (전철의) 막차 · · · · · · · · · · · · · · · · · · · 2과
しゅうぶんのひ(秋分の日) 추분의 날 · · · · · · · · · · · · · · · 8과
じゅく(塾) 학원 · 6과
しゅくじつ(祝日) 국가에서 정해 놓은 경축일 · · · · · · · · · 1과
しゅつじょう(出場) (경기 등에) 출전함 · · · · · · · · · · · · · 8과
しゅっしん(出身) 출신 · 8과
じゅんじょう(純情) 순정, 순진함 · · · · · · · · · · · · · · · · · 7과
しょうがくきん(奨学金) 장학금 · · · · · · · · · · · · · · · · · · 3과
しょうみきげん(賞味期限) 유통기한 · · · · · · · · · · · · · · · 4과
しょうれい(奨励) 장려 · 6과
しょくにん(職人) 장인 · 12과
しょたいめん(初対面) 첫 대면 · · · · · · · · · · · · · · · · · · · 3과
しょり(処理) 처리 · 12과
しらせる(知らせる②) 알리다 · · · · · · · · · · · · · · · · · · · 10과
シルバー 은색 · 14과
しわ 주름 · 9과
しんがた(新型) 신형 · 1과
しんけん(真剣) 진지함 · 6과
しんこう(信仰) 신앙 · 1과

す

すいせんしょ(推薦書) 추천서 · · · · · · · · · · · · · · · · · · · 3과
すすめ(勧め) 권함, 추천 · 2과
～ずつ ～씩 · 5과
すっかり 완전히 · 7과
すべる(滑る①) (스케이트·스키 등을) 타다 · · · · · · · · · · 8과
スマートフォン 스마트폰 · 2과
すます(済ます①) (다른 것으로) 때우다 · · · · · · · · · · · · 5과

せ

せんぞ(先祖) 선조, 조상 · 1과

そ

そうだんにのる(相談に乗る) 상담에 응하다 · · · · · · · · · 6과
そで(袖) 소매 · 12과
そなえる(備える②) 대비하다 · · · · · · · · · · · · · · · · · · · 4과
そらもよう(空模様) 날씨 · 12과
そろそろ 이제 곧 · 8과

た

だいこうぶつ(大好物) 아주 좋아하는 음식 · · · · · · · · · · 1과
たかまり(高まり) 높아짐, 고조 · · · · · · · · · · · · · · · · · · 6과
たかめる(高める②) 높이다 · 2과
たく(炊く①) (밥을) 짓다 · 7과
だく(抱く①) 안다 · 1과
だまる(黙る①) 잠자코 있다, 입을 다물다 · · · · · · · · · · 3과
ためる(貯める②) (돈을) 모으다, 저축하다 · · · · · · · · · · 2과
たもつ(保つ①) 유지하다 · 9과
だんだん 점점, 차츰 · 4과
たんなる(単なる) 단순한 · 10과
だんぼう(暖房) 난방 · 1과

ち

ちちおやゆずり(父親譲り) 아버지에게 물려받음 · · · · · · · 7과
ちゃんと 제대로, 착실하게, 꼼꼼히 · · · · · · · · · · · · · · · 2과
ちゅうかい(仲介) 중개 · 5과
ちゅうけい(中継) 중계 · 8과
ちんたい(賃貸) 임대 · 4과

つ

ツアー 투어 · 8과
ついか(追加) 추가 · 10과
ついせき(追跡) 추적 · 11과
ついに 마침내, 드디어 · 11과
つかる(浸かる①) (물에) 잠기다 · · · · · · · · · · · · · · · · · 2과
つぎつぎ(次々) 잇달아, 계속해서 · · · · · · · · · · · · · · · · 4과
つくりかた(作り方) 만드는 법 · · · · · · · · · · · · · · · · · · 6과

つくりばなし(作り話) 꾸며 낸 이야기 · · · · · · · · · · · · · · · 10과
つぶす① 으깨다 · 3과
つゆにはいる(梅雨に入る) 장마철에 접어들다 · · · · · · · 1과
つりぼり(釣り堀) 유료 낚시터 · · · · · · · · · · · · · · · · · · · 10과

て

ていこう(抵抗) 거부감, 저항, 반감 · · · · · · · · · · · · · · · · · 2과
てがるさ(手軽さ) 손쉬움, 간편함 · · · · · · · · · · · · · · · · · 6과
できあがる(出来上がる①) 완성되다, 다 되다 · · · · · · · 3과
てにはいる(手に入る) 입수하다 · · · · · · · · · · · · · · · · · · 3과
〜てほしい 〜해 주었으면 싶다 · · · · · · · · · · · · · · · · · · 6과
でんとういしょう(伝統衣装) 전통 의상 · · · · · · · · · · · · 1과

と

といあわせる(問い合わせる②) 문의하다 · · · · · · · · · 10과
どうりで(道理で) 어쩐지, 과연 · · · · · · · · · · · · · · · · · · · 2과
とおす(通す①) 통하게 하다 · 1과
〜どおり(〜通り) 〜대로 · 1과
ときがたつ(時が経つ) 때개[시간이] 지나다 · · · · · · · · · 8과
ドキュメンタリー 다큐멘터리 · · · · · · · · · · · · · · · · · · · 5과
とく(解く①) (의문・문제를) 풀다 · · · · · · · · · · · · · · · · 6과
とくい(得意) 잘함, 자신이 있음 · · · · · · · · · · · · · · · · · · 8과
とくさんひん(特産品) 특산물 · · · · · · · · · · · · · · · · · · · 3과
とけこむ(溶け込む①) 융화되다, 동화되다 · · · · · · · · · 9과
とける(解ける②) 녹다 · 9과
としあけ(年明け) 연초 · 8과
とどく(届く①) (보낸 물건이) 도착하다, 닿다 · · · · · · · 3과
ととのう(整う①) 갖추어지다 · · · · · · · · · · · · · · · · · · · 14과
とはいっても 그렇다고는 해도 · · · · · · · · · · · · · · · · · · 10과
とめそで(留袖) 보통 소매 길이의 기모노 · · · · · · · · · 12과
〜とも (다른 명사에 붙여서) 모두 · · · · · · · · · · · · · · · · 13과
とりあえず 일단, 우선 · 13과
とりにく(鶏肉) 닭고기 · 1과
とれる(取れる②) 가시다, 풀리다 · · · · · · · · · · · · · · · · · 2과
とわず(問わず) 불문하고 · 12과
どんどん 계속, 자꾸 · 3과

な

なか(仲) 사이, 관계 · 5과
ながつづき(長続き) 오래 계속됨, 오래감 · · · · · · · · · · 2과
なぐさめる(慰める②) 위로하다 · · · · · · · · · · · · · · · · · · 1과
なぐりあい(殴り合い) 주먹다짐 · · · · · · · · · · · · · · · · · 11과
なつバテ(夏バテ) 여름을 탐 · 7과
なにふじゆうなく(何不自由なく) 뭐 하나 부족[불편]한 것이 없이 · 3과
なべ(鍋) 냄비 요리 · 3과
なまビール(生ビール) 생맥주 · · · · · · · · · · · · · · · · · · · 5과
なやみごと(悩み事) 고민거리 · · · · · · · · · · · · · · · · · · · 6과
なるほど (듣던 바와 같이) 과연, 정말 · · · · · · · · · · · · 11과

に

ニーズ 니즈, 필요 · 4과
にがて(苦手) 질색, 서투름 · 7과
〜にちがいない(〜に違いない) 〜임에 틀림없다 · · · · 2과
にづくり(荷造り) 짐을 꾸림 · 5과

ね

ねむけ(眠気) 졸음 · 6과
ねむけがさす(眠気がさす) 졸음이 오다 · · · · · · · · · · · 3과
ねる(練る①) 반죽하다 · 7과
ねんじゅうぎょうじ(年中行事) 연중행사 · · · · · · · · · · 1과
ねんねん(年々) 매년, 해마다 · 3과
ねんれい(年齢) 연령, 나이 · 8과

の

のりおくれる(乗り遅れる②) (차 등을) 놓치다 · · · · · · · 3과

は

ば(場) 자리, 장소 · 5과
バイクびん(バイク便) 오토바이 택배 · · · · · · · · · · · · · 6과
バイヤー 바이어 · 6과

はいる(入る)① (어느 시기에) 접어들다	7과
はかまいり(墓参り) 성묘	1과
～ばかりでなく ～뿐만 아니라	6과
はげまし(励まし) 격려	3과
はげます(励ます)① 격려하다, 북돋우다	1과
パスタ 파스타	8과
バター 버터	7과
はださむい(肌寒い) 쌀쌀하다	7과
はちうえ(鉢植え) 화분에 심음, 또는 그 초목	13과
はつもうで(初詣) 새해 들어 처음으로 신사에 참배함	1과
はなれる(離れる)② (장소를) 떠나다, 벗어나다	4과
パフォーマンス 퍼포먼스	2과
はれぎ(晴れ着) 외출복, 나들이옷	3과
パンきじ(パン生地) 빵 반죽	7과

ひ

ひえる(冷える)② 추워지다, 쌀쌀해지다	7과
～びき(～引き) ～할인	14과
ひきだし(引き出し) 서랍	5과
ひきつぐ(引き継ぐ)① 이어받다, 인계받다	13과
ひく(弾く)① (악기를) 연주하다, 치다	6과
ビタミンざい(ビタミン剤) 비타민제	6과
ひづけ(日付) 날짜	6과
ヒッチハイク 히치하이크	10과
ひとなみ(人並み) 보통 정도, 남과 같음	11과
ひびく(響く)① 울리다, 울려 퍼지다	1과
ひめじ(姫路) 히메지(지명)	5과
ひょうざんのいっかく(氷山の一角) 빙산의 일각	10과
びょうじょう(病状) 병세, 병의 증상	2과
ひらしゃいん(平社員) 평사원	10과
ピンからキリまで 최상급에서 최하급까지	12과
ビンテージ 빈티지	12과

ふ

ぶかつ(部活) 학생의 클럽 활동	10과
ふかまる(深まる)① 깊어지다	7과
ふだんぎ(普段着) 평상복	3과
ふみば(踏み場) 발 디딜 곳	9과
フライパン 프라이팬	7과
プラスチック 플라스틱	7과
ぶらぶら 어슬렁어슬렁	6과
ブランドひん(ブランド品) 명품	3과
ふりかえきゅうじつ(振替休日) 대체휴일	1과
ふりこむ(振り込む)① (돈을) 불입하다	4과
ふりそで(振り袖) 미혼 여성이 사교용으로 입는, 겨드랑이 밑을 꿰매지 않은 소매통이 긴 기모노	12과
ふれる(触れる)② 접촉하다, 만지다	1과
ふるさと(故郷) 고향	1과
プロジェクト 프로젝트	13과

へ

へいえき(兵役) 병역	14과
へいき(平気) 태연함, 끄떡없음	7과
へんかん(返還) 변환	4과
へんけい(変形) 변형	3과

ほ

ほうもんぎ(訪問着) (여성의) 나들이옷, 약식 예복	12과
ほうりだす(放り出す)① 내던지다, 내팽개치다	14과
ぽかぽか 따끈따끈, 포근포근	7과
～ほど ～(할)수록	7과
ほどとおい(程遠い) (거리·시간이) 좀 멀다	5과
ホラー 호러, 공포	7과
ボランティア 자원봉사자	5과
ほんき(本気) 진심, 진지한 마음	10과
ほんの 아주, 겨우, 불과	10과
ほんばん(本番) 본방송, 본연기	7과

ま

まいご(迷子) 미아	13과
マイホーム 내 집, 자기 집	4과
まき 장작	7과

まきこむ(巻き込む①) (사건 등에) 연루되게 하다, 끌어들이다 ·· 10과
マグマ 마그마 ··· 2과
まちあわせ(待ち合わせ) (시일・장소를 정해 놓고) 만나기로 함 ··· 8과
まちがえる(間違える②) 잘못하다, 틀리다 ············· 2과
まちのぞむ(待ち望む①) 손꼽아 기다리다 ············ 11과
マッコリ 막걸리 ··· 5과
まとめる ② 정리하다 ··· 14과
まねく(招く①) 초대하다 ···································· 13과

み

ミーティング 미팅, 모임 ······································· 1과
みおぼえ(見覚え) 본 기억 ····································· 1과
みずびたし(水浸し) 침수 ······································· 1과
みため(見た目) 겉보기 ··· 9과
みつかる(見つかる①) 찾게 되다, 발견되다 ·········· 5과

む

むかう(向かう①) 향해 가다 ································· 5과
むかえぼん(迎え盆) 조상을 맞이하는 날 ·············· 1과
むしあつい(蒸し暑い) 무덥다 ······························· 8과
むじゅん(矛盾) 모순 ··· 9과
むすびつく(結び付く①) 결부되다 ·························· 1과
むだんけっせき(無断欠席) 무단결석 ······················ 9과
むびょうそくさい(無病息災) 병이 없고 건강함 ···· 1과

め

めいざん(名山) 명산 ··· 8과
めいさんぶつ(名産物) 명물 ··································· 3과
めしあがる(召し上がる①) (음식을) 드시다 ········· 4과
メモリー 메모리, 컴퓨터의 기억장치 ···················· 4과

も

もう 벌써, 이미 ··· 13과
もち(餅) 떡 ·· 1과
モテる ② (이성에게) 인기가 있다 ······················· 9과
ものまね(物真似) 흉내 ·· 2과
もんげん(門限) 폐문 시각, (변하여) 밤에 외출했다가 돌아와야 할 시간 ··························· 3과

や

やきおにぎり(焼きおにぎり) 구운 주먹밥 ············· 3과
やこうバス(夜行バス) 야간 버스 ·························· 5과
やしき(屋敷) 대지 ··· 8과
やすうり(安売り) 싸게 팖. 염가 판매 ················ 12과
やたい(屋台) 포장마차 ··· 8과
やちん(家賃) 집세 ··· 4과
やね(屋根) 지붕 ··· 8과
やまかじ(山火事) 산불 ·· 3과
やまやま(山々) 많은 산 ··· 8과
やむ(止む①) 그치다, 멎다 ································· 14과
やめる(辞める②) (일자리를) 그만두다 ················ 4과

ゆ

ゆ(湯) 더운물, 목욕물 ··· 2과
ゆうずうがきく(融通が利く) 융통성이 있다 ······· 14과
~ゆえに ~때문에 ··· 6과
ゆか(床) 마루, 바닥 ·· 1과
ゆかした(床下) 마루 밑, 바닥 밑 ·························· 1과
ゆかた(浴衣) 목욕 후나 여름에 입는 무명 홑옷 ···· 1과

よ

よう(酔う①) (술에) 취하다 ································· 7과
よう(用) 일, 용건 ·· 14과
よけい(余計) 쓸데없음 ·· 13과
よそゆき(よそ行き) 나들이, 외출 ······················· 14과
よっぱらう(酔っ払う①) 술에 몹시 취하다 ·········· 2과
よみち(夜道) 밤길 ·· 7과
よる(寄る①) 들르다 ··· 6과
よるがたにんげん(夜型人間) 올빼미형 인간 ········· 7과

ら

ライス 밥 ··· 13과
らくがき(落書き) 낙서 ····················· 10과

り

りてん(利点) 이점 ···························· 6과

れ

れい(霊) 영혼 ································· 1과
れいきん(礼金) 사례금 ······················ 4과
レシピ 레시피 ·································· 9과
れんたん(練炭) 연탄 ························· 7과
れんらくをいれる(連絡を入れる) 연락을 하다 ········ 6과

ろ

ローン 융자 ····································· 4과
ロケち(ロケ地) 영화의 야외 촬영지 ········ 1과
ろてんぶろ(露天風呂) 노천온천 ············ 2과

わ

わかどり(若鶏) 영계 ························· 7과
〜わけにはいかない 〜할 수는 없다 ······· 3과
わり(割) 할(10분의 1을 표시하는 단위) ··· 14과
ワンルームマンション 원룸 맨션 ··········· 11과